Carol al II-lea
Suveranul controversat
și iubirile lui interzise

D1704461

COLECȚIA REGALĂ

prezentată de Dan-Silviu Boerescu   VOL. VI

Colecția REGALĂ
Coperta: Stelian BIGAN

Descrierea CIP a Bibliotecii Naționale a României
BOERESCU, DAN-SILVIU
    Carol al II-lea. Suveranul controversat și iubirile lui interzise :
docu drame și mituri istorice / evocate de Dan-Silviu Boerescu. -
București : Integral, 2018
    Conține bibliografie
    ISBN 978-606-992-056-5

94
929

Editor: Costel POSTOLACHE
Tehnoredactor: Stelian BIGAN

Tiparul executat la tipografia Editurii *Paralela 45*

ISBN 978-606-992-056-5

Carol al II-lea
Suveranul controversat
și iubirile lui interzise

Docu-drame și mituri istorice
evocate de Dan-Silviu Boerescu,
însoțite de consemnări din presă

INTEGRAL

Sumar

Moştenitorul multdorit,
Suveranul aşteptat şi mereu amânat / 7

Zizi Lambrino, dezertarea din armată
şi prima iubire interzisă.
Consecinţele unei neinspirate căsătorii morganatice / 11

O speranţă risipită –
căsătoria cu Principesa Elena a Greciei / 25

Femeia fatală – „Duduia" Elena („Duţa", „Magda")
Lupescu, ex-Tâmpeanu, ex- Grünberg / 57

Croaziere erotice şi alte întâmplări
dintr-un film interizs minorilor / 87

Şi, totuşi,
un voievod al culturii! / 103

Cultul personalităţii…
înaintea lui Nicolae Ceauşescu / 111

Schimbarea la faţă a Bucureştilor / 117

Lămuriri bibliografice / 123

Moștenitorul multdorit, Suveranul așteptat și mereu amânat

O biografie incredibilă pentru cel mai atipic rege al României, Suveranul-Playboy, care a oscilat permanent între autoritarismul din viața publică şi supunerea aproape masochistă din budoar, unde stăpână era numai metresa sa controversată, Elena Lupescu, cea înconjurată de o incredibilă Camarilă, ahtiată după putere şi bani.

Priapicul personaj, obsedat şi de alte partenere erotice, pe care i le procura însuşi temutul şef al Poliţiei, Gavrilă Marinescu, a renunţat de trei ori la tron sau la perspectiva acestuia, de două ori voluntar şi a treia oară silit, ajungând să-şi petreacă restul vieţii într-un exil itinerant.

Dar oricâte greşeli va fi făcut, Carol al II-lea rămâne în istorie şi cu calităţile sale, cele ale unui om sensibil la marea cultură (pe care a sponsorizat-o sistematic prin prestigioasa instituţie a Fundaţiilor Regale) şi ale unui om vizionar, care a demarat sistematizarea centrului Bucureştiului.

Carol al II-lea (15 octombrie 1893 – 4 aprilie 1953) a fost Regele României între 8 iunie 1930 şi 6 septembrie 1940. Carol a fost primul născut al viitorului Rege Ferdinand I al României şi al soţiei sale, Principesa Maria. După accederea la tron a părinţilor săi, a devenit *Principele moştenitor Carol al României*. După drama unchiului tatălui său, Regele Carol I, care nu a putut avea moştenitori direcţi, venirea sa pe lume a constituit multaşteptatul licăr de speranţă a monarhiei române. În egală măsură, el reprezenta şi promisiunea implicită a împăcării părinţilor săi, Ferdinand şi Maria, care în mod evident nu se potriveau şi formau un cuplu extrem de şubred, ceea ce-l îngrijora nespus de Carol I. Dintru bun început, acesta, primul Suveran al României moderne, a considerat că toţi copiii nepotului şi moştenitorului său aparţin, în primul rând, nu părinţilor lor, ci tinerei Monarhii, care trebuia consolidată cu orice preţ. De altfel, pentru a sublinia ideea de continuitate a noii familii domnitoare, primul născut al lui Ferdinand şi al Mariei a fost numit tot Carol, precum întemeietorul Dinastiei. Principele Carol a fost primul viitor Rege născut în România şi botezat în ritul ortodox. A învăţat româneşte de mic şi a studiat istoria şi geografia ţării. Pasiunile lui se împărţeau între cărţi şi uniforma militară. A şi urmat, de altfel, cursurile Academiei Militare de la Potsdam. Regina Maria îşi amintea despre fiul său cel mare: „Carol era adorat de ofiţeri şi de trupă şi primea în dar un număr nesfârşit de mici uniforme din partea regimentelor. Când le îmbrăca umbla falnic de colo-colo, comandând oşti imaginare şi imitând nemaipomenit de bine glasurile celor ce comandau (...) într-însul dormea ascuns stăpânul (...) avea într-însul un tainic imbold de a domina, de a subjuga şi de a impune restricţii". (*www.familiaregala.ro*)

Însă, „speranţa de viitor a Casei Regale" s-a remarcat, în timpul Primului Război Mondial, prin dezertarea din armată şi căsătoria ilegală cu Ioana Lambrino, ceea ce a avut drept urmare două renunţări la tron, neacceptate de tatăl său. După dizolvarea acestui mariaj, a făcut o lungă călătorie în jurul lumii, la capătul căreia a cunoscut-o pe principesa Elena a Greciei, cu care s-a căsătorit în martie 1921, cuplul având un copil, pe Principele Mihai. Carol şi-a părăsit familia şi a rămas în străinătate în decembrie 1925, renunţând din nou la tron şi trăind în Franţa cu Elena Lupescu, sub numele de Carol Caraiman. Mihai a moştenit tronul la moartea Regelui Ferdinand, în 1927.

În contextul politic creat de moartea regelui Ferdinand şi cea a lui Ionel Brătianu, cât şi de lipsa de fermitate a regenţei conduse de Principele Nicolae, Carol s-a întors în 1930 în România, detronându-şi propriul fiu.

Domnia lui a fost marcată la început de efectele marii crize economice şi financiare. Carol a fragilizat sistemul de partide, numind adesea la guvernare facţiuni minoritare ale partidelor istorice şi cochetând cu idea unor guverne de concentraţie naţională, precum guvernul Iorga-Argetoianu. De asemenea, a permis formarea unei camarile corupte în jurul său, sub patronajul Elenei Lupescu. Către sfârşitul anilor '30, situaţia politică internă s-a deteriorat sub influenţa situaţiei internaţionale şi a acţiunilor Regelui, în 1938 fiind instaurată dictatura regală (prin înlăturarea Constituţiei din 1923 şi desfiinţarea partidelor politice, înlocuite cu un partid unic, Frontul Renaşterii Naţionale, patronat de Rege).

Anul 1940 a consemnat fărâmiţarea României Mari ca urmare a pactului dintre Germania şi URSS, situaţie care a avut efecte dezastruoase asupra reputaţiei monarhului român. Reorientarea politicii externe a României către Germania nazistă nu a putut salva regimul lui Carol, care a fost obligat să abdice de către generalul Ion Antonescu, proaspăt numit de el prim-ministru. I-a fost permisă părăsirea ţării cu un tren special încărcat cu averi, nelipsind mult să fie asasinat de către legionari, care au tras asupra trenului. După cel de-al Doilea Război Mondial, fostul rege a dorit să se întoarcă la cârma ţării şi să-şi detroneze din nou fiul, însă a fost oprit de Aliaţii vestici. S-a căsătorit în cele din urmă cu Elena Lupescu, murind în exil.

Dotat cu o inteligenţă extraordinară şi pasionat de cultură, al cărei patronaj rămâne una din realizările sale majore, reputaţia lui Carol este pătată de viaţa sa privată, care a interferat cu administrarea treburilor de stat. Carol rămâne o personalitate controversată. De altfel, nici Mihai nu a mai reluat vreodată legătura cu el, neluând parte nici la ceremonia de înhumare a rămăşiţelor lui Carol la Mănăstirea Curtea de Argeş, în 2003. (*https://ro.wikipedia.org*)

Zizi Lambrino, dezertarea din armată și prima iubire interzisă. Consecințele unei neinspirate căsătorii morganatice

Viața sentimentală a Principelui Carol fost mai mult decât tumultuoasă și a debutat sub semnul unei grave incompatibilități cu Statutul Casei Regale, care prevedea imposibilitatea unei căsătorii cu o româncă și obligativitatea unui mariaj cu o descendentă a uneia dintre casele regale europene. Practic, se repeta istoria tatălui său, Ferdinand, cu Elena Văcărescu! Ioana Maria Valentina Lambrino, cunoscută ca Zizi Lambrino (3 octombrie 1898, Roman – 27 martie 1953, Neuilly) a fost prima soție „morganatică" a Principelui Carol.

Descendentă a unei vechi familii aristocratice, Zizi era fiica generalului român Constantin Lambrino și a Euphrosinei Alcaz. În timpul primului război mondial, Carol al II-lea, în uniformă de ofițer rus, a părăsit la 27 august/9 septembrie 1918 unitatea militară (aflată la

Târgu Neamţ), al cărei comandant era, şi, patru zile mai târziu, a plecat la Odessa împreună cu Zizi Lambrino.

Acest act a însemnat încălcarea Statutului Casei Regale, care prevedea căsătoria membrilor Casei Regale a României numai cu persoane din alte case regale. Regele Ferdinand a ezitat să aplice o pedeapsă fermă. A dispus însă, la 9/22 septembrie, ţinerea lui Carol timp de 75 de zile în stare de arest la Mânăstirea Horaiţa (judeţul Neamţ).

Printr-o sentinţă controversată din 8 ianuarie 1919, tribunalul Ilfov a anulat căsătoria. Relaţia lor a continuat însă, iar la 8 august anul următor li s-a născut fiul Mircea Grigore Lambrino (nelegitim, fiind născut după anularea căsătoriei şi nerecunoscut de Carol). Legat de această situaţie, care, în timp, a produs multe controverse, manipulări politice şi sentinţe juridice discutabile, formula oficială folosită de Casa Regală este una fără echivoc, respectiv cea conform căreia Principele Moştenitor Carol „contractează împotriva voinţei Suveranului o căsătorie care este anulată în anul 1919 şi care nu produce efecte dinastice" (*www.familiaregala.ro*). Urmaşul fiului nelegitim al lui Carol, Paul Lambrino, a agitat puternic apele după 1990, uzând de titulatura de „Prinţ" fără acceptul Casei Regale, solicitând moşteniri şi retrocedări etc. Mama lui Paul este Hélène Nagavitzine, prima soţie a lui Mircea Grigore Carol. Paul susţine că el este adevăratul succesor la tronul României, deşi mariajul morganatic al lui Carol al II-lea cu Zizi Lambrino (mariaj ce a dus la naşterea tatălui său în august 1920) a fost anulat de către Tribunalul Ilfov în ianuarie 1919, după care această hotărâre a fost contestată în tribunalele internaţionale (din Portugalia şi Franţa), acolo unde Paul Lambrino a câştigat recunoaşterea faptului că tatăl său este fiul legitim al lui Carol al II-lea.

La 14 februarie 2012, Înalta Curte de Casaţie şi Justiţie i-a recunoscut tatălui său, Carol Mircea, calitatea de fiu legitim al regelui Carol al II-lea, iar Paul a fost recunoscut astfel drept moştenitor al lui Carol al II-lea.

Conform normelor dinastice internaţional acceptate, calitatea de membru al unei case regale sau nobiliare nu este dată de simpla înrudire biologică între membrii familiei, ci presupune recunoaşterea explicită a apartenenţei, de către şeful acelei case. Liderii Casei Nobiliare de Hohenzollern-Sigmaringen nu au acordat vreodată calitatea de membru lui Paul Lambrino sau tatălui său. Nici conducerea Casei Regale de România nu a făcut acest lucru, astfel că solicitarea acestuia de a fi recunoscut drept succesor legitim la Tron apare ca nefondată. Paul Lambrino a fost reţinut în dosarul retrocedărilor abuzive, fiind acuzat de cumpărarea de influenţă pentru intrarea în posesie a unor terenuri, respectiv Ferma Regală Băneasa, acesta neavând niciun drept legitim pentru a cere retrocedarea respectivei proprietăţi, provocând un prejudiciu de peste 135 de milioane de euro. În referatul DNA de arestare preventivă mai sunt implicaţi Remus Truică, Mihăiţă Roşu, Dan Andronic, Lucian Mateescu şi Marius Marcovici. Potrivit anchetatorilor, începând cu luna noiembrie 2006 s-a constituit „un grup infracţional care a avut ca scop dobândirea întregii averi revendicate nelegal de Paul Lambrino, prin oferire de bani/ bunuri persoanelor din cadrul autorităţilor/instituţiilor deținătoare ale acestor proprietăți, instigarea și complicitatea la săvârșirea, de către aceste persoane, a infracțiunii de abuz în serviciu, prin punerea la dispoziție și semnarea înscrisurilor necesare și traficarea influenței reale asupra funcționarilor publici". Tot în referatul DNA se arată că „prin probele administrate s-a dovedit cum Ferma Regală Băneasa nu a aparținut niciodată în mod legal Regelui Carol al II- lea al României".

Paul Lambrino este căsătorit, din 1995, cu Lia Georgia Triff, cetățeancă americană de origine română. Nunta lor a avut loc la Mănăstirea Cașin. Cincisprezece ani mai târziu, pe 11 ianuarie 2010, se naște, la București, la Maternitatea Regina Maria, fiul lor, Carol Ferdinand, botezat după numele strămoșilor lui, Regii României Ferdinand I și Carol al II-lea. Interesant este faptul că, născută pe 23 februarie 1949, Lia Lambrino avea în momentul nașterii fiului ei vârsta de 61 de ani, devenind astfel una dintre cele mai vârstnice mame din România și nu numai!

Băiatul soților Lambrino a fost creștinat în religia ortodoxă pe 22 mai 2010, la Biserica Domnița Bălașa, avându-i ca nași oficiali pe Președintele de atunci, Traian Băsescu, și pe soția lui, Maria. (*https://ro.wikipedia.org*)

După anularea acelei căsătorii „nepotrivite" în 1919, Principele Carol a fost trimis de tatăl său, Regele Ferdinand, într-o călătorie în jurul lumii, pentru a o uita pe Zizi, cu care avusese această istorie romantică, care debutase în 1913, la un bal în casa Marghiloman, unde Carol o întâlnise pe Ioana Maria Valentina Lambrino (alintată Zizi, Zuky sau Baby), o moldoveancă de origine evreiască (după mamă), brunetă, durdulie, mică, oacheșă și isteață. Tânăra provenea dintr-o familie ce avea și origini grecești fanariote. Școlită la pension în Franța, Zizi era o tânără cultivată, care studiase muzica și literatura. Între cei doi a început o început o relație amoroasă pe care Casa Regală inițial a ignorat-o, fără să bănuiască amploarea scandalului. „Nimeni nu dăduse vreo însemnătate deosebită flirtului, și mai ales, nimeni nu-și închipuia că se va merge până la o căsătorie și aceasta sub auspiciile cotropitorilor țării sale", evocă I.G. Duca. Scandalul a izbucnit în 1918, când Carol a fugit la Odessa cu cea pe care o credea aleasa inimii, decis să se însoare, în ciuda interdicțiilor venite din partea Casei Regale. Principele Carol a trecut granița cu Zizi, ajutat de un locotenent din regimentul său. Se spune că principele l-ar fi plătit pe preotul ortodox care le-a unit destinele în biserica din Rusia cu suma de 50.000 de lei. Iresponsabilul Principe și-a anunțat căsătoria printr-o telegramă: „Eu am luat în căsătorie pe Zizi Lambrino. Pot să mă întorc cu ea sau iau drumul Franței?". La auzul veștii, Ferdinand a trimis un colonel să-l aducă acasă principele rătăcitor. „Înainte de a vă autoriza de a întrebuința forța, asigurați-vă că nu mai este nicio nădejde de a obține reîntoarcerea la simțul realității. În interesul lui, chiar dacă este irevocabil hotărât să-și pună planul în execuție, arătați monstruozitatea ca ruperea definitivă cu Familia și Țara să se facă pe pământ străin, sub paza unor baionete străine..." scria Ferdinand în telegrama trimisă la data de 6 septembrie 1918.

Readus în țară cu forța, Principele insistă la menținerea căsătoriei cu Zizi, uniune pe care Casa Regală o voia desfăcută. Când Carol s-a arătat dispus să renunțe la tron, în favoarea soției, Guvernul s-a implicat în scandal, iar subiectul renunțării la tron a iscat dezbateri aprinse. În vreme ce unii demnitari îi iau apărarea lui Carol, alții îl vor decăzut din drepturile de moştenitor. Şeful Guvernului, Marghiloman, cere înlăturarea definitivă a lui Carol de la tron. „Prinţul trebuie decăzut din prerogativele sale, Prinţul Nicolae proclamat în locul său şi pentru el făcută o educaţie severă şi serioasă", a fost propunerea făcută de Marghiloman. Brătianu, în schimb, îi ia apărarea, considerând că principele este prea tânăr şi mai are timp să se coacă la minte, până va urca pe tron. Mama sa, Regina Maria îi cere să renunţe la căsătorie: „Ar fi fost onorabil să mori cu un glonţ în cap, să fii înmormântat în pământul românesc, decât să-l trădezi". Regele îl însărcinează pe Brătianu să ducă muncă de lămurire cu Carol. „Am spus prinţului că nu va putea domni dacă ar persista în căsătoria sa şi că renunţarea lui la tron echivala cu o dezertare. I-am spus să asculte de părinţi, să nu uite că tinereţea poate întotdeauna să înveţe şi că, pentru Suverani, a şti să asculte este o calitate de căpetenie", scrie Brătianu în raportul trimis Regelui în noiembrie 1918. Carol este convins, într-un final, să-şi pună semnătura pe un act care consfinţeşte desfacerea căsătoriei cu Zizi. „Nu mă opun la anularea actului de căsătorie semnat la Odessa", semnează Carol la data de 11 noiembrie 1918. Căsătoria de la Odessa este anulată de Înalta Curte de Casaţie la data de 8 ianuarie 1919. (*www.adevarul.ro*)

Fuga Prinţului Carol a luat prin surprindere familia regală. Faptul a făcut senzaţie. Ziarele, mai ales cele germane, relatează situaţia cu multe amănunte. Pe lîngă dezertare, rămânea un alt fapt: căsătoria morganatică care îl decădea pe Carol din calitatea de moştenitor al tronului.Constantin Argetoianu nota : „Vâlva a fost enormă căci Prinţul, în care toţi ne pusesem încrederea pentru viitor, intrase pentru prima dată în gura lumii, dându-ne o mare decepţie".

Ferdinand se consultă cu primul ministru Alexandru Marghiloman, cu Ionel Brătianu, cu Alexandru Averescu, cu Barbu Ştirbey. Unii se pronunţă pentru o pedeapsă aspră: dezmoştenirea lui Carol şi trimiterea lui în faţa tribunalului militar pentru dezertare. Alţii pentru o soluţie blândă. Regina Maria, mai ales, îşi apără copilul cu energie. S-a hotărât trimiterea unor emisari la Odessa pentru a-l aduce cu orice preţ înapoi pe prinţul moştenitor. Carol e major, om de 25 de ani, şi s-a însurat cu româncă, fapt interzis de lege. Era obligat de Statutul Casei Regale să ia în căsătorie o femeie dintr-o familie regală străină. Ferdinand în 1892, îndrăgostit de Elena Văcărescu, la cererea lui Carol l, a renunţat la ideea de a se căsători cu ea. Prinţul Carol, într-un alt climat, cu altă educaţie decît Ferdinand, a preferat să părăsească armata, în timp de război, pentru a se căsători ce cea pe care o iubea, Ioana-Zizi Lambrino.

La insistenţele trimişilor lui Ferdinand, Carol se întoarce la Iaşi. La graniţă este aşteptat de Regina Maria, cu care are discuţii încordate pline de reproşuri, lacrimi şi promisiuni. Carol acceptă în prima instanţă să renunţe la căsătorie. Criza dinastică pare depăşită. Carol este separat de Zizi Lambrino. Orice întâlnire le este interzisă. Zizi este expediată în judeţul Botoşani, unde familia ei avea moşie. În ianuarie 1919, căsătoria este anulată, pe motiv că s-a făcut fără aprobarea Regelui, şeful Casei Regale, aşa cum cerea Constituţia.

Familia regală se întoarce la Bucureşti odată cu retragerea trupelor de ocupaţie la 1 decembrie 1918. Carol participă la ceremonii, dar continuă s-o vadă in ascuns pe Zizi Lambrino. Este trimis ca pedeapsă pe malul Dunării, în satul Mănăstirea. De aici trimite scrisori de dragoste spre Zizi Lambrino şi ameninţă cu evadarea şi cu sinuciderea. Este trimis în surghiun mai departe de Bucureşti, la garnizoana Bistriţa. Carol vrea să se împace cu Zizi şi pentru că ea aşteaptă un copil. La 1 august 1919, Carol îi trimite o scrisoare prin care recunoaşte că este tatăl copilului. Deşi a acceptat desfacerea căsătoriei, el revine şi trimite o scrisoare Regelui Ferdinand de renunţare la tron.

Ca replică, este trimis pe frontul de pe Tisa pentru a reflecta la decizia sa. Guvernul şi Regele nu recunosc renunţarea la tron. Un comunicat oficial contestă autenticitatea scrisorii şi spune că renunţarea la tron survine numai după recunoaşterea actului de către Rege şi Guvern. Carol revine cu o scrisoare către Brătianu, prim ministru la aceea dată, în care insistă că renunţarea la tron rămîne irevocabilă. Simulează chiar şi o tentativă de sinucidere la Cotroceni, împuşcându-se în picior.

Copilul lui Carol şi Zizi Lambrino se naşte la 8 ianuarie 1920. Primeste numele Mircea Lambrino. Cu Carol devenit tată într-o căsătorie morganatică, lucrurile iau o întorsătură gravă şi şi nedorită pentru statutul prinţului moştenitor. Regele Ferdinand şi Regina Maria hotărăsc

să îl trimită într-o călătorie în jurul lumii. Şase săptămîni
după naşterea copilului, la 20 februarie, prinţul Carol
pleacă din portul Constanţa, pe traseul Constantinopole,
Atena, Alexandria, canalul de Suez, Colombo, Bombay,
Calcutta, Rangoon, Hong Kong, Shanhai, Kyoto, Hawaii,
San Francisco, Chicago, New York, Londra, Paris. Călă-
toria „a fost un exemplu de politică externă şi diplomaţie,
punând Statul român reîntregit şi suveran pe harta lumii.
Timp de şapte luni, Principele Carol a parcurs mii de kilo-
metri, uneori cu trenul, de cele mai multe ori cu vaporul.
El a înmânat scrisori din partea Regelui Ferdinand I tutu-
ror şefilor de state vizitate, a prezentat ţara lui societăţilor
străine cărora le era musafir şi mediului de afaceri din
fiecare colţ de lume. Multe dintre capitalele vizitate erau
pentru prima oară gazde ale trimişilor României şi multe
dintre acele ţări au stabilit, ca urmare a vizitei, relaţii diplo-
matice cu ţara noastră". (*www.familiaregala.ro*)

Stratagema a avut efect. Într-o scrisoare către Zizi
Lambrino, Carol o anunţă că legătura lor a încetat. „Am
întors o nouă pagină" o anunţă el. Întors în Europa, la
Lucerna, Carol o întîlneşte pe Prinţesa Elena a Greciei.
Se pare că este dragoste la prima vedere, tinerii se plac.

Însă, cum a rămas cu Zizi Lambrino? Un aranjament
cu Guvernul îi acorda o pensie de 100.000 lei/annual,
cu condiţia să părăsească ţara împreună cu copilul. S-a
stabilit lîngă Paris, la Neully într-o vilă cumpărată de sta-
tul român. Ea trebuia să restituie corespondenţa cu Carol
pentru alţi 100.000 lei. Adevărul este că, deşi a primit ba-
nii, nu a predat toate scrisorile. În 1926 – la doi ani după
ce se pronunţase divorţul lui Carol de regina Elena –,

Ioana-Zizi Lambrino a intentat un proces pentru pensie alimentară fostului ei soț. A fost primul dintr-un șir lung de procese... Ioana Zizi Lambrino a adus drept probe scrisorile trimise ei de Carol, în care acesta recunoștea copilul, pe Mircea Grigore, născut la 8 august 1920. Presa a înșfăcat acest subiect și l-a desfășurat pe multe pagini, vreme de ani de zile, la Paris, ca și la Londra și Roma și bineînțeles la București. De întâlnit, însă, cei doi nu s-au mai întâlnit niciodată. Zizi Lambrino a murit la Paris în 1953. După o săptămînă a murit și Carol, în exil in Portugalia. (*www.stelian-tanase.ro*)

S-a scris și s-a vorbit mult despre căsătoria morganatică a Prințului Carol cu Ioana Lambrino. Se știe însă mai puțin despre existența unei convenții intervenite între părți, la 14 iulie 1921, adică la un an și jumătate de la pronunțarea hotărârii de anulare a căsătoriei și la șase luni de la nașterea copilului Mircea-Grigore, primogenitura. O convenție, cum se numește ea în termeni juridici, un târg, cum aveau s-o denunțe cârtitorii monarhiei! Oricum s-ar numi actul încheiat, nu încape nicio îndoială că prețul plătit de Banca Generală a Țării Românești, din surse proprii sau din conturile Casei Regale, în patruzeci de rate semestriale, era menit să secretizeze pentru douăzeci de ani intimități sensibile nu doar pentru fostul ei soț, dar și pentru viitorul monarhiei.

Nu știm cine negociase pentru fosta soție, dar prețul obținut ni-l recomandă ca un excelent profesionist al baroului bucureștean. Banca, după ce acoperea cu 500.000 de lei cheltuielile de după divorț ale Ioanei Lambrino, urma să transfere la o mare bancă pariziană un capital de

2.200.000 de franci, din care beneficiara trebuia să primească semestrial o rentă de 5%, adică 110.000 de franci francezi. După douăzeci de ani, Ioana Lambrino urma să intre în posesia întregului capital, adică să devină stăpână pe vaca grasă care-i va fi asigurat ei și băiatului rezultat din această căsătorie un trai mai mult decât decent. (*www.historia.ro*)

Niciun eveniment sau accident care putea interveni în existența ei nu era lăsat fără o soluție, așa că Ioana Lambrino, în schimbul tăcerii ei, va avea traiul asigurat! Bunăoară, dacă ea găsea de cuviință să-și cumpere o casă, exista o rezolvare pentru a face acest lucru. Dacă ar fi hotărât să se recăsătorească, avea posibilitatea să primească 800.000 de franci, iar renta rămânea tot de 5%, dar din suma diminuată la 1.400.000 de franci. Ce i se cerea în schimb?

„Dna. J. Lambrino se obligă a nu ridica nici un fel de pretențiuni și a nu face nici un alt act vexatoriu sau dăunător pentru vreunul dintre membrii familiei Regale, oricare ar fi el. Dna. J. Lambrino se declară încă răspunzătoare de orice alt asemenea act, care s-ar comite, fie de către un membru al familiei sale, fie chiar de către o persoană străină, când autorul actului ar comite cu ajutorul informațiunilor date de dânsa sau sub inspirațiunea sa. În caz de abatere de la aceste îndatoriri, oricare ar fi ea, sau de comiterea din partea altuia a unui act, de care este astfel răspunzătoare, dna. J. Lambrino va fi decăzută din toate drepturile nerealizate încă, care decurg din prezenta convențiune. Decăderea va fi urmarea de drept a abaterii sau a răspunderii și vor fi notificate, după constatarea de bancă prin scrisoare recomandată la domiciliul ales pentru această convențiune..."

Ciudat, această convenție e redactată de mână, deși instituțiile beneficiau deja de serviciile mașinii de scris. După cum se vede și din numărul de exemplare – câte una pentru părți – conciliabulele fuseseră foarte discrete.

Stabilită împreună cu fiul ei la Paris, Zizi avea să urmeze, un timp, obligațiile asumate. Dar, în acea perioadă, avea să se preocupe de redactarea „cărții vieții ei". Chiar dacă nu știa când avea să fie oportună publicarea ei. Prilejul apăru după aproape cinci ani, la cumpăna dintre anii 1925 și 1926. Carol provocase a doua criză dinastică. Tot pentru o femeie. În locul unei brunete, o roșcovană. Situația monarhiei era mult mai gravă decât după escapada de la Odessa. Încurcat cu Elena Lupescu, el părăsea nu doar poziția de moștenitor al Tronului, dar și soția, copilul de patru ani, Mihai, și, o dată cu ei, țara. Probabil că această furtună care slăbea Tronul o făcu pe Zizi să se repeadă la București. Nu pentru a o salva, desigur; venea în țară pentru a cerceta îndeaproape în ce măsură acest eveniment putea să-i afecteze interesele, dar și să vadă dacă nu apar oportunități pentru a ameliora statutul ei și al fiului.

Sosirea în Capitală, la 8 ianuarie 1926, e reperată de Siguranța Generală. O sinteză a filajului la care a fost supusă Zizi e redactată la 11 martie 1926, la două luni după sosirea ei la București. Fie pentru că vizita „obiectivului" filat s-a prelungit atât de mult, în ciuda obligației contractate în scris, fie din motive informative, cum ar fi luarea în supraveghere și cercetare a celor contactați de ea.

Nu ştim când avea să se reîntoarcă la Paris, dar, deşi ve-
nită la Bucureşti la începutul lui ianuarie, o lună mai târ-
ziu (la 1 februarie) se afla tot la hotelul Athénée Palace,
unde „a sosit şi a descins la acelaşi hotel (...) mama sa
Frusina Lambrino împreună cu copilul Lulu şi guver-
nanta Louce Berthe".

Ulterior, reîntoarsă la Paris, lucrurile nu s-au liniştit.
În arhiva Casei Regale, se află, decodată, şi următoarea
telegramă, „strict confidenţială", adresată de Legaţia
României din Paris Ministerului de Externe de la Bucu-
reşti: „Am fost chemat astăzi de A.S.R. Principele Carol
I (sic!) care m-a rugat să Vă previn că doamna Zizi Lam-
brino pregăteşte în colaborarea unui publicist american
o carte care va fi publicată în America. Această carte con-
ţine atacuri şi aluziuni injurioase şi calomnioase la adresa
Suveranilor noştri şi mai cu seamă M. S. Regina".

Te bate gândul că nu doar epistola destinată să treacă
Oceanul, dar şi obiectul negociat, manuscrisul, căzuse în
mâinile serviciului secret. Să fi fost ex-Principele Moşte-
nitor cel care beneficia de serviciile acestui... serviciu de
informaţii?

Timp de un sfert de veac, cartea redactată în franceză
avea să rămână în manuscris şi publicată abia în 1950, la
Paris, sub titlul *Soţul meu, Carol al II-lea*. Dar anul 1926,
când fiul doamnei Zizi Lambrino împlinea vârsta şcola-
rizării, este şi anul primei tentative de a încălca acea con-
venţiune secretă încheiată cu Casa Regală, nu doar prin
tentativa de a publica o carte în care să-şi povestească
viaţa. Dincolo de avantajele unui scandal din care spera
să tragă alte avantaje, succesul editorial din Statele Unite

i-ar fi adus capitalul necesar să suplinească renta viageră asigurată de la Bucureşti, pe care ar fi pierdut-o. Nu i se urâse, cum se zice, de traiul decent, ca să nu spunem luxos, asigurat prin preţul plătit, ci fusese constrânsă să încalce legea tăcerii de o scadenţă care nu suporta amânare: vârsta la care fiul ei trebuia să meargă la şcoală.

Urma să fie elev în clasa întâi. Înscrierea copilului s-a izbit de o chestiune formală. Şi anume, dorinţa îndreptăţită a mamei de a repara absenţa din certificatul de naştere a numelui tatălui. (…) *Le proviseur du Lycée Michelet*, directorul de studii, n-a putut satisface dorinţa mamei de a-l trece pe Mircea în registrul şcolii ca fiu al lui Carol, „ex-prince de Roumanie". *(www.historia.ro)*

O speranță risipită – căsătoria cu Principesa Elena a Greciei

Carol a fost un adevărat copil-problemă pentru cuplul regal Ferdinand-Maria. Însă abilitatea diplomatică a mamei sale părea să fi găsit iute o rezolvare pentru problemele sentimentale ale mereu imprevizibilului Principe (încă) Moștenitor. Ulterior despărțirii de Zizi Lambrino (după ce căsătoria lor fusese anulată de Curtea de Casație, iar dinspre Palatul Cotroceni nu fusese precupețit niciun efort pentru îndepărtarea „intrusei"), întors în Europa, la Lucerna, după julesverniana sa călătorie în jurul lumii, năbădăiosul Carol o întâlnește – deloc întâmplător, după câte s-a zvonit în epocă, dar și după aceea ! – pe Prințesa Elena a Greciei. Se pare că, dincolo de toate calculele strategice ale Reginei Maria, cea atât de preocupată de consolidarea dinastiei, chiar este dragoste la prima vedere, tinerii se plac nebunește, spre bucuria ambelor familii regale balcanice. Prin urmare, căsătoria are loc rapid la Atena, pe 10 martie 1921, la o săptămână după căsătoria Elisabetei, alt copil al Reginei Maria, cu

viitorul Rege George al Greciei, fratele Elenei. (Din ne-
fericire, peste ani, ambele mariaje dinastice vor avea fina-
luri triste, soldându-se cu divorțuri urâte, spre disperarea
celei care le urzise, denumită cu atâta îndreptățire „Soacra
Balcanilor", la palmaresul ei de ursitoare adăugându-se și
căsătoria contractată, în anul 1922, de o altă soră a Prin-
cipelui Moștenitor, Principesa Maria – „Mignon" cu Re-
gele Alexandru I Karadjordjevic al Iugoslaviei.)

În mai 1921, perechea Carol-Elena se întoarce în Ro-
mânia, pe mare. Primirea la București este entuziastă.
Mulțimea a uitat de criza dinastică, iar Carol pare hotărât
să recâștige simpatia poporului. Elena are 25 de ani,
Carol 28. Cei doi aleg să locuiască la Sinaia, în vila Foi-
șor, în apropierea Peleșului. Preferă să stea departe de
larma capitalei. Regina Maria îi vizita uneori, dându-le
sfaturi. Mai ales Elenei, care era însărcinată. Carol își pe-
trecea timpul ca și în trecut printre militari, la Regimen-
tul de vânători de munte din Sinaia. Uneori cei doi ies să
se plimbe împreună cu automobilul Prințului Carol, care
e un șofer pasionat.

Spre marea bucurie a familiei regale, Principesa Elena
a născut pe 25 octombrie 1921, la Castelul Peleș din Sinaia,
un băiat, căruia i s-a dat numele Mihai, viitorul Rege – în
două rânduri – al României, Mihai I. Copilul s-a născut
prematur, la șapte luni și jumătate de la căsătoria părin-
ților săi, însă, spre bucuria generală, a fost un copil perfect
sănătos, cu greutatea de 4 kg, fapt destul de rar întâlnit
pentru o astfel de sarcină (ceea ce sugerează că, de fapt,
el ar fi fost conceput în timpul logodnei părinților săi, ipo-
teza lansată de Pamfil Șeicaru, cum că Prințesa Elena ar

fi avut în prealabil o aventură cu un anume colonel
Manos, comandantul Regimentului de Gardă al Regelui
Constantin I al Greciei, dovedindu-se a fi una cu totul
neverosimilă).

Mihai, Principe de Hohenzollern-Sigmaringen, s-a
născut marți, 25 octombrie 1921, orele 19:40, la castelul
Foișor din Sinaia. Potrivit documentelor epocii, nașterea
a fost asistată de prof. dr. C. Louros, medicul curant al
familiei regale a Greciei, doamna dr. Manicatide-Venert
și dr. E. Romalo, medicul personal al regelui României.
Starea de sănătate a nou-născutului era „destul de satisfă-
cătoare", iar a mamei „ameliorată", după ce fusese supusă
unei intervenții medicale din cauza unor „complicații
serioase". Principesa Elena a avut o naștere foarte dificilă,
iar familia s-a temut chiar că bebelușul nu va supraviețui.
„Deși mica ființă a venit pe lume cam cu o lună mai de-
vreme, este cu adevărat un băiețel frumos și a intrat din
toate puterile în momentul în care a venit în bătrâna și
reaua noastră lume (...) L-am numit Mihai, ca să aibă un
nume românesc cu adevărat popular", nota bunica aces-
tuia, Regina Maria. Și Raul Bossy, secretar de legație în
Ministerul Afacerilor Externe al României scria: „Nu-
mele lui, care simbolizează întregirea neamului și era
deosebit de drag românilor, dădea parcă micului vlăstar
domnesc un nimb de glorie și de fericire".

Când sarcina avansase, Elena a chemat-o la București
pe fosta bonă a mamei sale, de la Atena – domnișoara
St. John, să-i fie sprijin. La naștere, declanșată înainte de
termen(?), au apărut complicații, astfel că un timp s-a cre-
zut că nici mama, nici copilul nu vor supraviețui. Norocul

a fost profesorul Louros, medicul familiei regale a Elenei, care era fiica Regelui Constantin al Greciei şi a Reginei Sofia. „Din fericire, mama aranjase ca dragul nostru profesor Louros, care o asistase şi pe ea la naşterea mea, să vină la Sinaia, căci, dacă nu era el, n-aş fi fost salvată nici eu, nici copilul. Înainte de a veni el, în timpul fazelor critice, Rosa mi-a fost sprijin de nădejde. Regina Maria s-a întors din călătoriile ei exact înainte de naştere, dar mama, deşi călătorise pe traseul cel mai scurt, şi-a văzut nepotul abia când a împlinit 8 zile", consemna Elena în jurnalul său. Familia suverană a României era încântată că succesiunea era asigurată prin naşterea unui băiat. Numele lui, Mihai, era dat în cinstea voievodului Mihai Viteazul, considerat de monarhi cel mai mare erou din istoria României. Copilul se născuse la Foişor, o vilă de pe domeniul Peleş din Sinaia. Dar bucuria lăuzei era umbrită de un amănunt dureros: copilul venise pe lume exact la un an după pierderea fratelui ei Alexandru, ajuns pe tronul Greciei. Acesta murise la Atena, la numai 27 ani, în urma unui accident stupid petrecut la 2 octombrie 1920, care avusese consecinţe neînchipuit de grave. În timp ce se plimba prin grădina palatului regal de vară de la Tatoi, câinele lui Alexandru a fost atacat de maimuţa unui grădinar. Sărind să despartă animalele, regele fusese muşcat de maimuţă. Rana a fost fatală, iar Alexandru a murit în chinuri, la 25 octombrie 1920, din cauza septicemiei, pentru că medicii au ezitat să-i amputeze piciorul infectat. Elena se rugase ca venirea pe lume a lui Mihai să nu coincidă cu ziua a morţii fratelui său drag. (În toamna lui 1920, tânăra Principesă pleacă să fie alături de familia ei care se strânsese în jurul tatălui suferind și rămâne patru luni în Grecia, până când la București i se pregătea casa din zona Kiseleff, în care avea să locuiască noua ei familie.)

Miercuri, 26 octombrie 1921, la orele 8.00, populația Bucureștiului a fost anunțată asupra nașterii prințului Mihai prin 101 lovituri de tun. Duminică, 30 octombrie 1921, un comunicat public al mareșalului Curții Regale preciza că „starea sănătății Alteței Sale Principele Mihai este mulțumitoare", iar vineri, 11 noiembrie 1921, cotidianul Universul publică un buletin medical anunțând că starea Principesei Elena evoluează spre completa însănătoșire, iar fiul ei, Mihai „se dezvoltă în mod îmbucurător", astfel că nu se vor mai da publicității buletine medicale.

Duminică, 22 ianuarie 1922, la Palatul Cotroceni se desfășoară ceremonia botezării Principelui Mihai în rit ortodox. Potrivit profesorului Traian Lazăr, evenimentul a fost marcat de frământările politice interne după ce, la 17 ianuarie 1922, Brătianu a format un guvern alcătuit exclusiv din membri ai PNL. „Iorga este furios și declară că Regele și-a vândut sufletul liberalilor și mi-a comunicat că el și ai lui nu vor veni la botez. Ce bătrân nebun și pătimaș!", nota Regina Maria la 19 ianuarie 1922. Iorga considera că, fiind ignorat ca politician de monarh, „am dreptul să ignorez Coroana ajunsă vasală Brătienilor". Ceilalți lideri ai partidelor politice au adoptat aceeași atitudine, astfel încât la botezul Principelui Mihai au participat, în afara membrilor familiei regale, doar liberalii și reprezentanții armatei. „Toți au fost puțin încurcați, deoarece botezul ortodox este complicat, copilul trebuind

O speranță risipită – căsătoria cu Principesa Elena a Greciei

să fie dezbrăcat ca să fie complet băgat în apă. Contrar însă celor așteptate, Mihai s-a comportat admirabil. Părea chiar că-i place. A fost tot timpul treaz și nu a plâns deloc. Este un copil splendid, cu o față fără pereche, rotundă, trandafirie, ca de ceară, și cu gropițe. S-a comportat atât de uimitor de bine și a fost atât de adorabil, încât parcă ar fi făcut-o în mod special", a notat Regina Maria în însemnările sale ceremonia botezului. Despre felul în care arăta și se comporta regele Mihai ca bebeluș, cele mai multe mărturii sunt tot de la bunica sa. Astfel, în 7 aprilie 1922, aceasta scrie despre nepot că „Mihai al nostru este o frumusețe, un dolofan rozaliu și alb, o comoară zâmbitoare, cu incredibile gropițe în obraji. Toată fețișoara lui este numai gropițe", iar în 9 aprilie 1922 „copilul este adorabil, absolut o scumpete și se face pe zi ce trece tot mai frumos. Nu pot spune că este cu adevărat o frumusețe, pentru că pentru moment are ochii cam mici și o ureche are tendința să stea depărtată de cap, este mai mare decât cealaltă. Amândoi bunicii lui au urechile depărtate, așa că are pe cine moșteni. Are însă cea mai superbă piele, cele mai adorabile gropițe și gură care se pot vedea".

În luna mai 1922, copilul a fost înțărcat, ceea ce a permis Principesei Elena (Sitta) mai multă libertate de mișcare. În acest timp, Mihai, a stat la Sinaia în grija bonei și a valetului (doamna și domnul St. John). Perioada de scurtă fericire dintre părinții lui Mihai, de altfel căsătoriți din considerente politice, începe să se termine, iar raporturile dintre soți se deteriorează treptat ajungându-se la separarea din 1925-1926. Lui Mihai îi va fi dat să crească într-o familie în curs de destrămare.

În 6 ianuarie 1923, Regina Maria face pomul de Crăciun pentru Mihai, sărbătorit încă pe stil vechi. Cu acest prilej, Regina Maria constată că Mihai „este cu adevărat adorabil, de fapt l-am găsit chiar mai frumos, cu părul minunat, buclat tot la spate. Este un copil zdravăn şi frumos, singurele două obiecţii pe care le am sunt că ochii îi sunt cam mici şi că are tendinţa de a fi prea palid. Este extrem de sociabil cu străinii şi absolut fermecător cu cei cu care este obişnuit. Carol fireşte că-l adoră". În aceeaşi lună, Regina Maria notează că Mihai „nu merge încă şi nici nu vorbeşte, dar se vede că se apropie şi una şi alta. Este prea mare şi greu ca să se ţină pe picioare". Bunica îşi exprimă îngrijorarea privind faptul că micul prinţ nu vorbeşte şi în octombrie 1923, în preajma aniversării de doi ani. „El răspunde tuturor aşteptărilor noastre. Este absolut adorabil. Un copil de expoziţie, cu un cap superb şi bucle blonde aurii. Este foarte voinic, puternic, stă în picioare, dar nu vrea să vorbească". Sau: „În general, Mihai vine la mine. Se uită la toate lucrurile mele, le atinge ca toţi copiii, dar este ascultător. Conversaţiile noastre sunt pantomime, pentru că el nu formulează nici un fel de cuvinte, dar le ştie pe toate când le numeşti". Abia în noiembrie 1923, Regina Maria scrie că Mihai „încearcă să vorbească". Gurile rele spuneau că Mihai „se născuse surdo-mut". Pentru a combate acest zvon, „Principesa Mamă-Elena a decis să deschidă uşile palatului pentru a primi oameni politici, ziarişti şi mulţi alţii în scopul de a-i lăsa să constate ei înşişi că fiul ei era absolut normal.

O speranţă risipită – căsătoria cu Principesa Elena a Greciei

Acesta le-a vorbit mult şi cu înţelepciune, în ciuda vârstei fragede, iar legenda a fost distrusă", spune istoricul Traian Lazăr. Pe tot parcursul vieţii, Regele Mihai s-a manifestat ca o fire introvertită, solitară şi tăcută, „zgârcită" cu zâmbetele şi manifestările expansive. (*www.adevarul.ro*)

În decembrie, Principele Carol, soţia lui şi bebeluşul, revin la Bucureşti şi se instalează într-un palat pe şoseaua Kiseleff. Vor urma câţiva ani destul de liniştiţi ... Dar, când părea că lucrurile se calmaseră şi viaţa reintra în normal, pe făgaşul ei firesc, se petrece cu adevărat marea dramă dinastică. Prinţul Moştenitor fuge din ţară în 1925 cu o femeie cel puţin dubioasă şi renunţă iarăşi la succesiune! Intrase deja în viaţa lui controversata Elena Lupescu.

Soţia legitimă a lui Carol, Principesa Elena, s-a dovedit neputincioasă în faţa acestei nenorociri care cutremura din nou mult încercata familie regală.

Anul 1925 a fost unul dificil pentru Casa Regală română. În februarie are loc întâlnirea „memorabilă" dintre Prinţul Moştenitor Carol şi Elena Lupescu, iar în noiembrie, soţii Carol şi Elena (Sitta) sunt prezenţi la expoziţia florală din Bucureşti, fiind ultima dată când au fost văzuţi împreună, ca soţi. În decembrie, Carol pleacă în străinătate şi renunţă la moştenirea tronului, iar Mihai, fiul său, este proclamat noul moştenitor. Între timp, micul prinţ îşi vedea de copilărie, era „era vesel, zbiera, alerga prin odaia sa, făcând tărăboi".

După moartea Regelui Ferdinand, la nici câteva ore, pe 20 iulie 1927, Prinţul Moştenitor Mihai a fost proclamat Rege. Avea 5 ani şi 8 luni. „Chiar în aceeaşi dimineaţă (20 iulie 1927), spre amiază, plecăm (de la Sinaia) cu micul Rege Mihai – în vârstă de cinci ani – mama sa, Elena, regenții, Guvernul și Curtea într-un tren regal care ne duce la București pentru prestarea jurământului. (...) La Camera înțesată de lume, un val de înduioșare cuprinde pe parlamentari și tribunele publice când, după ce Brătescu-Voinești (președintele Adunării Deputaților) anunță solemn: «Majestatea Sa Regele!», apare deodată un copilaș cu păr bălai îmbrăcat în alb și ținut de mână de maică-sa în mare doliu. Ropote de aplauze emoționante. Copilul duce mâna dreaptă la frunte, militărește. Pe când rosteau cei trei regenți formula Jurământului în fața fragedului băiețel care va purta coroana de oțel a lui Carol I, pe fețele tuturor se citea aceeași chinuitoare întrebare: care era să fie viitorul neamului în noua fază ce se deschidea după zbuciumările dinastice care zdruncinaseră din temelii așezământul țării", scrie Raoul Bossy, directorul Direcției politice de la Președinția Consiliului de Miniștri în acel moment, citat în lucrarea *Viața Regelui Mihai. Jurnal Biografic (1921-1940)*. La rândul său, ministrul de interne din momentul urcării lui Mihai pe tron, I. G. Duca, relatează că atunci când cei din jur au început să i se adreseze copilului-Rege Mihai cu titlul de Maiestate, acesta a întrebat: „Voi fi cuminte dacă voi fi Rege, dar voi avea dreptul să mă joc, nu-i așa?". (*www.adevarul.ro*)

În interviul acordat în anii 1991-1992 scriitorului Mircea Ciobanu, care a apărut la Editura Humanitas în colecția „Casa Regală", Regele Mihai mărturisea cât de mult a suferit din copilărie pentru că relațiile familiale se degradaseră iremediabil. Prima durere a fost pricinuită chiar de tatăl său, Carol al II-lea, care intrase sub influența nefastă a Elenei Magda Lupescu. Spunând că nu-i face nicio plăcere să vorbească despre ea, Mihai a povestit: „Aflasem că această persoană există și că ea este cauza despărțirii mele de mama. Într-o dimineață veneam din palatul mare unde aveam și școala, și am ieșit în grădină ca să mă duc în casa nouă din spatele palatului. Când am ieșit eu pe ușă, din casa nouă, a ieșit și Magda Lupescu pe ușă și a dat să urce în mașină. Când m-a văzut, s-a retras repede. Am auzit cum a trântit ușa".

Supărat și îndurerat de prezența femeii în casă, Mihai a povestit a doua zi la școală unui coleg, pe care-l credea mai apropiat, cele întâmplate. Ce n-a știut, însă, era că părinții lui Mavrus erau prietenii Elenei Lupescu. Spusele lui Mihai au ajuns la urechile Duduii, care i-a povestit lui Carol al II-lea. Acesta a luat decizia să-I pună pe cei doi față-n față. L-a chemat pe Mihai și i-a prezentat-o pe Elena Magda Lupescu. „La început am fost mâhnit de ideea că trebuie s-o întâlnesc. Cu timpul mi-am dat seama că e o persoană vulgară, nu știu cum să spun, o natură țipătoare, stridentă. N-am găsit-o niciodată frumoasă. Răspândea în jurul ei un fel de neliniște, ceva rău. Alături de ea nu puteai să scapi de o anumită stinghereală. Chiar și atunci când voia să-ți intre în voie o făcea într-un fel agresiv. Era destul să intre pe ușă și atmosfera se răcea din cauza ei. O prezență incomodă e prea puțin zis", a recunoscut Mihai. El fixează în memoria afectivă și momentul în care relația cu tatăl său s-a stricat pentru vecie, fără să mai știe exact anul în care s-a întâmplat. „Sfârșitul oricăror bune relații pe care le-aș fi putut nutri față de tatăl meu a fost ziua în care mi-a comunicat că pot să mă adresez doamnei Magda Lupescu ca propriei mele mame. Eram adolescent și unui adolescent nu i se recomandă o altă mamă cu atâta ușurătate, cu atâta dispreț față de un anumit simț al dreptății…", a mărturisit Regele. Dincolo de motivele personale, Mihai a văzut ce trafic de influență exercita Lupeasca în preajma Regelui Carol al II-lea, cu consecințe negative. „Îmi dădeam seama cât rău face. Avea putere la Palat și, prin interpuși, în viața politică. Avea o pricepere a ei anume, de a da drumul la robinetul lacrimilor ori de câte ori o cereau împrejurările. Provoca scene uneori de un penibil insuportabil. De cele mai multe ori obținea tot ce voia. De multe ori cererile ei reprezentau interese străine de țară".

Marele regret al Regelui Mihai în plan personal este relația eșuată cu tatăl său, care nu i-a fost niciodată aproape cu adevărat. Despre el spunea: „A fost omul epocii sale. În mare măsură a fost însă omul propriilor sale porniri și patime". „Cu el n-a fost chip să trăiesc într-o relație firească de la tată la fiu. Între noi a fost întotdeauna o tensiune care, mai ales în copilărie și adolescență, îmi făcea rău. Tensiunea aceasta n-am întreținut-o eu, e de la sine înțeles. Era un bărbat deosebit, cu o cultură remarcabilă – și totuși n-a priceput că în anii aceia aș fi avut nevoie de el. Fără dubiu că Magda Lupescu a avut o influență nefastă asupra lui". Regele a tânjit teribil după mama sa, persoana care știa să-l asculte, care nu vorbea niciodată de rău pe nimeni și care nu se plângea niciodată de soarta sa. Mihai a relatat cum a fost folosit de tatăl său și de anturajul acestuia pentru a i se face rău Reginei Elena. „N-o lăsa să mă vadă decât la anumite ore ale zilei, sub cuvânt că mă distrage de la obligațiile școlii. I-a interzis să se ocupe de educația mea. Și peste toate acestea, tot felul de mărunțișuri care aveau drept scop să complice mult raporturile mamei cu mine și cu ceilalți. Mama a trebuit să plece. Există un prag anume al răbdării, peste care nimeni nu poate să treacă. Din păcate, mulți oameni influenți din viața politică a țării n-au făcut exact ceea ce ar fi trebuit să facă pentru mama. Dar nu numai pentru mama. Aici era vorba și de un anume calm care ar fi trebuit întreținut în țară. Eu cred și astăzi că atitudinea lui Maniu ar fi trebuit să fie susținută din toate părțile. Regele ar fi cedat, de asta nu mă îndoiesc. Dar, așa cum spuneam, legătura regelui cu Magda Lupescu n-a fost doar o chestiune sentimentală. Implicațiile politice au fost cu mult mai adânci și mai greu de definit decât ne închipuim. Interesele au fost mult prea mari pentru ca anumiți oameni să nu aprobe și să nu încurajeze slăbiciunea regelui. Pe scurt, o afacere tenebroasă", o descrie Regele Mihai.

Principesa Elena, adorată de micul Principe Mihai, și-a îndeplinit riguros și cu multă dragoste, îndatoririle de mamă. După ce, la sfârșitul anului 1925, Carol a rămas în străinătate cu amanta sa, Principesa Elena s-a ocupat de educația fiului ei, devenit moștenitor al tronului. În timpul primei domnii a Regelui Mihai (1927-1930), Elena a divorțat de Carol. O dată cu reîntoarcerea lui Carol din străinătate și uzurparea tronului fiului său (la 8 iunie 1930), Elena a pierdut controlul legal asupra sorții copilului său, fiind supusă unei campanii de șicane din partea lui Carol. În cele din urmă, Principesa Elena a preferat să părăsească România (1932), fiindu-i permis să își vadă fiul timp de două luni în fiecare an și stabilindu-se la Vila Sparta din Florența.

Însă, o dată cu abdicarea lui Carol al II-lea, dictatorul Ion Antonescu i-a cerut să se întoarcă în țară, Elena revenind în septembrie 1940 în România și primind titlurile de *Regină Mamă* și apelativul *Majestate*. A devenit cel mai apropiat consilier și confident al Regelui Mihai. Puterea în stat era deținută în totalitate de Ion Antonescu, care în prima parte a guvernării sale a dezlănțuit o prigoană împotriva minorității evreiești, dar Regina Elena a reușit prin intervenții pe lângă acesta să amelioreze soarta multor persoane, meritul fiindu-i recunoscut mai târziu de Institutul Yad Vashem, care i-a conferit titlul de „Drept între popoare".

În urma loviturii de stat de la 23 august 1944, dictatura antonesciană a fost înlocuită (după trei scurte guverne constituționale) de dictatura Partidului Comunist din România, monarhia fiind tot mai izolată și în imposibilitatea de a se opune comunizării țării. După abdicarea forțată a Regelui Mihai, Elena a împărtășit soarta fiului ei, trăindu-și restul vieții în exil, la Florența. În ultimii ani s-a mutat, din cauza sănătății, la Lausanne, apoi la Versoix. Regina Elena a ținut un jurnal, care nu a fost publicat până în prezent.

Biografia ei este una teribilă, plină de întorsături dramatice. Principesa Elena a Elenilor era fiica Principelui Constantin (viitorul rege Constantin I al Elenilor) și a Principesei Sofia a Prusiei. Constantin era fiul Regelui George I al Greciei și al Marii Ducese Olga a Rusiei.

Sofia a Prusiei era fiica Împăratului german Frederic al III-lea, căsătorit cu Principesa Victoria, fiica Reginei Victoria a Marii Britanii.

Elena s-a născut la 2 mai 1896 la Atena. În copilărie a fost crescută de o guvernantă engleză (Miss Nicholls) și a avut drept servitoare pe o țărancă Rosa, care avea să îi rămână în serviciu decenii întregi. Din copilărie a purtat porecla *Sitta*, consecință a încercărilor fratelui ei mai mic Alexandru de a pronunța cuvântul englezesc „sister" (*soră*). Copilăria și-a petrecut-o în Atena, vlăstarele familiei regale a Greciei părăsind arareori împrejurimile capitalei – din cauza condițiilor proaste din Grecia – cu excepția călătoriilor pe iahtul regal Amphitriti și a vizitelor în Germania, la bunica lor, văduva Împăratului Frederic al III-lea. În copilărie, Elena a fost foarte apropiată de fratele ei Alexandru, care era de vârstă apropiată. Începând cu vârsta de 8 ani, a frecventat școli de vară în Marea Britanie, inițial la Seaford și mai apoi la Eastbourne.

La vârsta de 14 ani, Elena a ajuns pentru prima dată în exil, după o tentativă de lovitură militară menită a-l pune pe tron pe tatăl ei în dauna bunicului; s-a hotărât ca Principele Constantin să petreacă un an cu familia sa în exil. După ce a luat capăt această perioadă și familia s-a întors la Atena, capitala s-a preschimbat într-un centru de activități militare, în timpul războiului cu Turcia. Principele Constantin s-a remarcat în calitate de conducător victorios în timpul războaielor balcanice din 1912-1913, în care Grecia a câștigat Salonicul și și-a dublat populația și suprafața, însă în cursul evenimentelor a avut loc asasinarea Regelui George, la Salonic.

După încoronarea tatălui ei, Elena a vizitat pentru prima dată ţara, din care până atunci cunoscuse doar Atena, Corfu şi câteva oraşe mai mari. Împreună cu Regele şi Principele Alexandru a vizitat câmpurile de luptă macedonene.

În mai 1915, Regele Constantin s-a îmbolnăvit foarte grav, fiind pentru mult timp în stare septică şi inconştient; la insistenţele poporului, icoana făcătoare de minuni de pe insula Tinos a fost adusă la palat, Elenei revenindu-i să o ţină în apropierea bolnavului; într-adevăr tatăl ei şi-a revenit la conştiinţă, evenimentul lăsând o amprentă puternică asupra Principesei, a cărei credinţă avusese până atunci – în relatarea biografului ei Gould Lee – un caracter mai degrabă formal decât profund.

De la începutul Primului Război Mondial, Regele Constantin se poziţionase împotriva ideii ca Grecia să pornească într-o întreprindere aventurieră, cum dorise premierul Eleftherios Venizelos. Cu sănătatea slăbită de boala recentă, Regele a intrat pe mâna propagandei de război a englezilor şi francezilor, care puneau ţinuta sa pe aşa-zisa lui simpatie pro-germană, dorind cu orice preţ atragerea Greciei de partea lor în război. Această campaniei a avut un efect dublu asupra Principesei, punând-o în primul rând în faţa adevărului că viaţa nu este ordonată după concepţii etice despre bine şi rău, iar în al doilea rând prin faptul că a întărit solidaritatea în sânul familiei. Familia regală primea adesea scrisori de ameninţare, care s-au materializat în incendiul care a distrus reşedinţa de la Tatoi, produs de mână umană; Elena şi Alexandru nu au fost de faţă, întorcându-se de pe insula Spetzai.

În august 1916, Venizelos a început cu ajutor francez războiul civil, ocupând orașul Salonic și punându-se în fruntea unui guvern provizoriu. La 1 decembrie 1916, un contingent francez de circa 3.000 de soldați a debarcat la Pireu, cu scopul de a prelua controlul Atenei. Într-un incident care a avut loc în Parcul Zappeion din fața palatului (parc amenajat ca urmare a donației aromânului Evanghelie Zappa), Principesa Elena a fost în primejdie de moarte: în fața palatului avusese loc o bătălie între trupele loiale Regelui și francezi; aceștia din urmă fiind înconjurați, Regele a dat ordinul ca focul să înceteze. Ieșind să verifice ce se întâmpla, au izbucnit din nou focurile, iar Principesa a deschis ușa către grădină, speriată că tatăl ei este în pericol, însă în jurul ei zburau gloanțe, ea fiind salvată de garda personală de corp a Regelui, care a luat-o pe sus înapoi în clădire.

Atena a fost bombardată de flota franceză, familia regală aflându-se în pericol de moarte când obuzele au început să lovească în palat și în curtea palatului. S-a impus un embargou economic, care deși a înfometat populația, nu a reușit să diminueze simpatia populației față de familia regală. În cele din urmă, la 11 iunie 1917, Regele Constantin a fost forțat să abdice sub presiunea unui nou bombardament asupra Atenei, rege fiind numit fiul său Alexandru. Astfel a început al doilea exil al Principesei Elena, familia regală a Greciei stabilindu-se în Elveția.

În exil, viața Elenei și a familiei regale grecești a fost marcată de atitudinea rece față de fostul Rege, pe de o parte, și de lipsurile financiare, pe de alta. În 1918, în timp ce Regele Alexandru era în Paris pentru negocierile de pace, Elena a încercat să îi telefoneze, însă a fost refuzată de unul din ofiţerii din anturajul acestuia,

În 1920, fratele Elenei, Principele George, avea să se căsătorească cu Principesa Elisabeta a României. Principele moştenitor Carol, care se întorcea dintr-o călătorie în jurul lumii, aranjată de mama lui după anularea mariajului său morganatic cu Zizi Lambrino, urma să îl însoţească pe George în România, iar Principesele Elena şi Irina au fost invitate de Regina Maria a României să viziteze Bucureştiul, întrezărindu-se posibilitatea unui mariaj cu Carol. Deşi Elena şi mama ei erau împotrivă, Regele Constantin a hotărât ca fiica lui să accepte cererea în căsătorie, întrucât nu dorea ca fiica lui să fie tratată ca un paria social. După cum scria Paul Quinlan, la acel moment „valoarea" lui Carol pe piaţa mariajelor regale era scăzută, în urma escapadei lui scandaloase cu domnişoara Lambrino, aşa că Regina Maria a fost încântată de aranjamentul realizat.

Vizita la Bucureşti a Elenei a fost umbrită şi scurtată de anunţul morţii Regelui Alexandru, urmată la o zi de vestea morţii mamei Reginei Maria. Maria a aranjat ca, în drum spre Coburg cu trenul regal, să îi ducă pe George, Elena şi Irina înapoi, Carol oferindu-se să-i însoţească. Impresia Elenei că acest lucru s-ar putea datora interesului lui Carol s-a confirmat, Principele Moştenitor al României cerând Regelui Constantin mâna fiicei sale.

După moartea Regelui Alexandru al Greciei, Venizelos a organizat un plebiscit, punând poporul grec să aleagă între el şi Constantin. Rezultatul a fost copleşitor în favoarea fostului suveran, care s-a întors cu Elena şi restul familiei la Atena. Elena a decis să accepte cererea în căsătorie a lui Carol, în parte pentru că începuse să se îndrăgostească de el, pe de altă parte pentru ca să nu se confrunte mereu cu amintirile locurilor în care petrecuse mult timp cu fratele ei Alexandru. Nunta lui George cu Elisabeta şi a lui Carol cu Elena au avut loc în Atena, în decurs de o săptămână, lucru pentru care s-a cerut o dispensă de la Biserica Ortodoxă, întrucât nunţile de frate şi soră dintr-o familie cu o soră – respectiv un frate din altă familie trebuiau conform canonului ortodox să aibă loc simultan, însă Regina Maria dorea două evenimente distinct. Finalmente, mariajul a avut loc la 10 martie 1921.

După căsătorie, cuplul a petrecut o săptămână la Tatoi şi două la Atena, după care cei doi miri au plecat via Constantinopole spre România, unde li s-a făcut o întâmpinare triumfală, în prezenţa Regelui Ferdinand, Reginei Maria, prim-ministrului, a Patriarhului, reprezentanţii partidelor politice şi alte câteva mii de oameni. Noul cuplu princiar nu s-a instalat într-o aripă a Palatului Regal de la Bucureşti, ci a locuit iniţial două săptămâni în apartamentul în care copilărise Carol la Cotroceni, însă Principele Moştenitor a dorit să se sustragă controlului părinţilor, motiv pentru care au primit permisiunea regală să se mute la Castelul Foişor, din Sinaia, care nu mai fusese locuit de la moartea Reginei Elisabeta a României (1916). Momentul a semnificat mai mult decât lărgirea familiei regale a României, întrucât toată clasa politică vedea în gestul Principelui de Coroană Carol începutul stabilităţii.

Totuși, încă din prima perioadă a căsătoriei a devenit clar că erau diferențe de temperament în cuplul princiar, cei doi având puține interese comune. S-a sperat, însă, că ivirea pe lume a unui copil va avea menirea de a netezi asperitățile evidente.

La 25 octombrie 1921, Principesa Elena l-a adus pe lume pe Mihai, la Castelul Foișor. Nașterea a fost prematură și foarte dificilă, viața mamei și copilului fiind în pericol. Din cauza complicațiilor, Elenei i s-a recomandat să nu mai poarte altă sarcină.

Mariajul a fost pus sub presiune și de călătoriile Elenei pentru a-și vedea tatăl, care fusese detronat și exilat din nou. În cea mai mare parte a acestui timp, Principele Carol a rămas în țară. Asupra apropierii dintre soți s-a repercutat negativ și prezența constantă în viața Elenei a surorii ei, Irina. După moartea Regelui Constantin, Irinei i s-a adăugat și mama lor, Sofia.

Carol a plecat în noiembrie 1925 să reprezinte dinastia la funeraliile Reginei Alexandra a Marii Britanii, dar de acolo s-a întâlnit în Franța cu Elena Lupescu, care părăsise țara. Din Italia, Carol le-a scris tatălui, mamei și soției că nu se mai întoarce în țară, anunțându-i că renunță în favoarea fiului său la succesiunea tronului. Elena s-a oferit să călătorească la Milano pentru a-l convinge pe Carol să se întoarcă, însă decizia Principelui era inexorabilă și la 31 decembrie a fost anunțată renunțarea lui la calitatea de Moștenitor al Coroanei.

Întrucât fiul său Mihai devenea noul Principe Moștenitor prin actul de la 4 ianuarie 1926, la scurt timp Elena a primit titlul de „Principesă Mamă", printr-o ordonanță specială, stabilindu-i-se şi o „listă civilă" (sumă de bani alocată anual, prin lege, din bugetul public, pentru acoperirea cheltuielilor legate de îndeplinirea funcţiilor oficiale, care includea salariile personalului, cheltuielile pentru vizite de stat, angajamente publice, ceremonii şi întreţinerea Casei Regale), privilegiu rezervat în genere doar Regelui şi Principelui Moştenitor. Următorii ani au văzut o reducere a îndatoririlor publice pe care le împărţise cu Carol, însă pe umerii ei cădea responsabilitatea educaţiei viitorului Rege al ţării şi realizarea faptului că în anumite cercuri era învinuită ea însăşi de comportamentul lui Carol, întrucât Principesa „nu ar fi făcut destul să îl ţină alături de ea".

În vara lui 1926, animată de gândul că poate nu era prea târziu să încerce o împăcare cu soţul ei, Elena a cerut permisiunea cuplului regal de a se întâlni cu Carol în cursul vizitei ei în Italia; acesta a acceptat iniţial, însă a contramandat pe ultima sută de metri. În timpul acestei vizite, Elena şi mama ei, Regina Sofia au vegheat-o pe Regina Olga a Greciei, care s-a stins la Roma.

În primăvara lui 1927, în timp ce Regina Maria a plecat în faimosul ei turneu în Statele Unite ale Americii, starea de sănătate a Regelui Ferdinand, care suferea de cancer, s-a înrăutăţit considerabil, Elena dedicându-şi mult timp să-l îngrijească, la palatele Cotroceni şi Pelişor. Acesta s-a stins la 20 iulie 1927.

La câteva ore, Mihai a fost proclamat Rege al României, pe 20 iulie având loc ceremonia de depunere de către regenţă în numele regelui a jurământului. Politicianul şi memorialistul Ion G. Duca, martor la evenimente,

descria în felul următor scena: „La Parlament, scena a
fost mișcătoare, toți senatorii si deputații au aclamat în-
delung pe micul Rege când a intrat împreună cu Princi-
pesa Elena și cu cei trei Regenți, în afară de reprezentanții
partidului național-țărănesc, care s-au sculat în picioare
cu toată adunarea, dar care au păstrat o tăcere semnifica-
tivă [...] În fața acestor ovațiuni copilul, neobișnuit cu
asemenea scene, s-a intimidat puțin și, instinctiv, s-a lipit
de fustele mamei sale. A fost în sală un moment de in-
tensă și legitimă emoțiune. [...] Gestul instinctiv fusese
simbolic, de-altminteri el nu a durat decât o clipă, Prin-
cipesa Elena l-a împins ușor înainte, iar copilul [...] a
înaintat un pas ca și cum ar fi fost conștient de astădată
de situație, salutând demn si stăpân pe el, pe reprezen-
tanții națiunii".

Față de perspectiva întoarcerii Prințului Carol, prin-
cipalele partide politice s-au poziționat diferit. În timp
ce Partidul Național Liberal a susținut regența, grăbind
depunerea jurământului militar către noul Rege pentru
a evita formarea unui curent carlist în armată, în Partidul
Național Țărănesc s-a discutat chiar aducerea în țară a
lui Carol.

Situația domniei lui Mihai și implicit a Elenei a fost
sigură atâta timp cât a trăit liderul Partidului Național
Liberal, Ionel Brătianu. Însă Brătianu a murit subit la 24
noiembrie 1927, fiind succedat la conducerea guvernului
de fratele său Vintilă Brătianu, mult mai puțin versat ca
politician. Politicianul și memorialistul Constantin Arge-
toianu nota: „Câteva cuvinte lămuritoare asupra situației
politice din anul 1928 nu vor fi de prisos. De la moartea

lui Ionel Brătianu, întreaga politica românească era dominată de chestiunea Prințului Carol, de «chestiunea despre care nu se mai vorbea» – adică despre care Cenzura nu lăsa să se vorbească în gazete, căci încolo numai de asta se vorbea. [...] Cât a trăit Ionel Brătianu, autoritatea lui a fost suficientă pentru a ține piept tuturor valurilor". (*https://ro.wikipedia.org*)

Pentru Elena, desigur, punctul de inflexiune al vieții ei a fost fuga în Franța a soțului ei Carol, însoțit de amanta sa, Elena Lupescu. Totul avea să se schimbe pentru ea din acel moment. Din străinătate, Carol expediază spre țară trei scrisori, în care îi pretinde divorțul. Educația creștină profundă primită în sânul familiei, ca și atitudinea guvernului român, o împiedică să dea curs cererii, însă intervențiile neoficiale ale susținătorilor din umbră ai lui Carol, precum și sentimentul de înstrăinare totală, o determină într-un final să accepte: la 21 iunie 1928, Curtea Supremă a României desface căsătoria pe motiv de „nepotrivire".

Dincolo de tribulațiile cotidiene, Elena își găsește timp pentru amenajarea grădinilor Palatului Regal de la Mamaia, primit în anul 1927 din partea reginei Maria. Elena transformă parcul regal, introducând conducte de apă, schimbă drumurile și peluzele, reamenajează interioarele. La începutul anului următor, impune un nou regulament de funcționare a Palatului. Tot acum, pune bazele concursului anual de hipism, ea însăși dovedindu-se foarte experimentată în domeniu. Mai activă ca niciodată, Elena vizitează spitale, merge în provincie, inaugurează clinici, încurajează cultura locală, ceea ce îi aduce un capital de imagine, pe care – din integritate și modestie – nu-l exploatează împotriva fostului soț. Demnă și resemnată, Elena îl însoțește pe micul Rege la ceremonii și evenimente oficiale.

Restaurația carlistă o surprinde total nepregătită pentru o revedere cu Carol, care nu întârzie însă să se producă. La 8 iunie 1930, Carol se întoarce în țară cu ajutorul Partidului Național Țărănist și cu promisiuni mincinoase de revenire la intenții mai bune vizavi de familia sa. Imediat, Actul de Succesiune din 4 ianuarie 1926 este invalidat de către Parlament. Elena asistă neputincioasă la acapararea treptată a copilului de către tatăl său, care îi alege dascălii și anturajul. Cu eleganța-i înnăscută, se retrage din viața publică, refugiindu-se fie în Palatul de la Mamaia, fie în reședința de vară de la Sinaia. În cele din urmă, lucrul de care se temea cel mai mult s-a întâmplat: Carol îi cere să părăsească România. Se stabilește mai întâi la Londra, apoi la Florența, însă revine la București cu ocazia zilei de naștere a fiului său, unde rămâne până la începutul anului 1932, când își vizitează la Florența mama muribundă. Sophia de Grecia se stinge din viață în ianuarie 1932 și este înmormântată în Biserica rusă, alături de soțul său, Constantin.

În lungile sale plimbări la San Domenico, în apropierea Florenței, Elena descoperă un impresionant palat de Renaștere, pe care îl cumpără și îl botează „Vila Sparta", în amintirea momentelor fericite de pe meleagurile Greciei. Încântată de noua achiziție, realizată cu banii rezultați din vânzarea Palatului de la Mamaia, ca și a fermei de lângă București, Elena se concentrează asupra design-ului

interior. Se mută în noua locuință abia în primăvara anu-
lui 1934. Peste timp, una dintre cele mai interesante per-
sonalități românești ale epocii, Tutu Georgescu, care o
frecventa la Florența, scria în biografia sa despre Vila
Sparta: „Își cumpărase o casă la Florența, pe colina Fie-
sole. Villa Sparta avea un balcon mare, care domina toată
valea Toscanei, cu toate cupolele, toate spendorile și tur-
lele Florenței, cu păduri de portocali mereu în floare. Era
o casă extraordinar de bine ținută, ca la călugărițe. Totul
strălucitor, frumos".

Conform unui acord încheiat între Elena și Casa Re-
gală română, Marele Voievod Mihai, primea permisiunea
de a petrece două luni pe an alături de mama sa, însă
termenii sunt adeseori încălcați cu brutalitate de către
Carol. În toamna anului 1932, în urma unui incident ne-
plăcut, Elena ignoră interdicția de-a se întoarce în țară și
rămâne în România timp de trei săptămâni.

Din 1932 până în 1940, trăiește ani de liniște și delec-
tare la Florența, alături de membri ai familiei regale gre-
cești. Timpul se scurge în funcție de prezența sau de
absența fiului drag. Înclinația spre cultură o determină
să se familiarizeze cu orașul și împrejurimile: frecven-
tează cu asiduitate muzee, biserici, biblioteci. Învață
limba italiană, vorbind astfel curent cinci limbi străine,
alături de greacă, română, franceză și germană și – după
bunul său obicei – face echitație în fiecare dimineață.

În tot acest timp, evenimentele politice se precipită:
în anul 1934, Regele Alexandru al Serbiei este asasinat la
Marsilia. Păstrând bunele relații cu cumnata sa Mignon,
Elena călătorește frecvent la Belgrad. În anul 1935, se

pronunță divorțul cuplului George – Elisabeta. În același an, George revine pe tronul Greciei în urma unui plebiscit național. În 1936, cu multă emoție, Elena, Irina și Katerina se deplasează la Atena, cu ocazia ceremoniei de reînhumare a suveranilor morți în exil, Constantin și Sophia. În anii următori, doi dintre frații săi, Paul și Irina se căsătoresc și, fericită, Elena își strânge în brațe primul nepot, pe Constantin, fiul lui Paul și al Frederikăi de Hanovra.

Culorile pastelate ale fericitului tablou de familie sunt eclipsate însă de fundalul politic tot mai obscur. Europa era în pragul unui nou război mondial: în martie 1938, Germania lui Hitler ocupă Austria și la începutul anului următor, Cehoslovacia. La 1 septembrie 1939, Polonia este atacată de Rusia și Germania. Pe rând, toate statele mici – obligate să adere la unul dintre blocurile militare – sunt eliminate de pe scena politică sau reduse la postura ingrată de simpli pioni. Acesta a fost și destinul României. În urma Dictatului de la Viena din 30 august 1940, mai bine de jumătate din teritoriul Transilvaniei este cedat Ungariei, Basarabia și nordul Bucovinei, Rusiei, iar Cadrilaterul dobrogean, Bulgariei. Pus în fața unui dezastru de proporții, Regele Carol al II-lea este forțat să abdice de către propria sa armată. La 6 septembrie 1940, părăsește România, însoțit de Elena Lupescu, cu destinația temporară Paris.

Vestea abdicării fostului său soț i-a parvenit Elenei prin intermediul ambasadorului SUA la Berlin, o mai veche cunoștință. La scurt timp după aceea, primește invitația de a reveni în România, în calitate de Regină-Mamă. Adresantul, nimeni altul decât Mareșalul Ion Antonescu, îi păstrase o vie amintire de pe vremea în care activase în Regimentul 9 Roșiori. Raoul Bossy este diplomatul care primește sarcina de a o convinge pe Elena să revină și o însoțește până la graniță. Mesajul era foarte clar: „Românii ar fi foarte fericiți dacă le-ați permite să vă numească regina lor." De altfel, în *Jurnalul* său, Bossy notează informații neprețuite de la acea întâlnire. De exemplu, opinia Reginei despre abdicarea lui Carol: „Mi-a spus că, după părerea ei, a fost o greșeală alungarea lui Carol în vremuri atât de tulburi pentru că „era deștept și avea experiență, și cred că a făcut tot ce i-a stat în puteri".

Ceea ce o îngrijora însă pe cea pe care românii o chemau în țară, oferindu-i titlul de Regina Mamă, era Mihai. „E încă un copil, vă dați seama, care nu știe încă mare lucru. Nici măcar limbi străine. Nu vorbește bine engleza, vorbește franceza la modul «Vai, madam!» cum o numesc eu, iar tatăl lui nu l-a lăsat niciodată să vorbească în particular cu cineva, nici măcar cu miniștri. Mi-a spus chiar că uneori a fost nevoit să mituiască servitorii ca să-i aducă un ziar, așa că a fost mereu împiedicat să afle ce se întâmplă în jur." Este foarte realistă în ceea ce-l privește pe fiul ei, iar când i se spune că tocmai pentru completarea acestei educații este chemată mai ales, regina nu ezită să spună ce gândește: „Dar e prea târziu acum! Când Mickey era mic și avea mai mare nevoie de mine, m-au alungat. Acum mă cheamă înapoi, când nu mai pot fi de folos în niciun fel. Are nouăsprezece ani. Cum l-aș mai putea face să scrie după dictarea unui profesor de franceză *j'ai, tu as, il a* și așa mai departe?! Cât privește partea politică, nu m-aș pricepe, dacă m-aș amesteca".

Tot cu prilejul acestei întâlniri, Regina Mamă povesteşte diplomatului o scenă incredibilă: „Pe de altă parte, cum aş fi primită de cumnata mea, Elisabeta, care este în România? Nu ştiu dacă ştiţi, dar la ultima noastră întâlnire m-a pălmuit.[...] Mi-a spus că am vrut să o îndepărtez de familie în timpul Regenţei şi că am încercat să reduc influenţa mamei ei. A adăugat: *Ţine asta de la mine!* şi mi-a dat o palmă atât de tare peste faţă, încât am căzut." Elena nu povesteşte întâmplarea pentru a-şi denigra cumnata, ci pentru că dorea ca lucrurile să fie clare de la început şi să nu „ofere poporului spectacolul disensiunilor familiale".

Regina Mamă şi-a expus fără rezerve punctul de vedere faţă de divorţul de Carol şi felul în care a fost tratată: „Românii nu au greşit faţă de mine. Nici măcar Carol, el a fost totuşi decent în ce mă priveşte. Doar oribila Lupescu, care era geloasă şi a încercat să mă scoată chiar şi din inima fiului meu. Cum ar fi putut românii să-i stea împotrivă? Ar fi putut să-i spună lui Carol: *Te vrem rege, dar scapă de femeia asta!?*"

Întoarcerea Reginei a fost primită cu bucurie. Fusese mereu o garanţie a demnităţii, a liniştii. Încrederea în casa regală trebuia recâştigată, iar Regina Mamă era cea mai potrivită pentru această misiune. Felul ei de a fi, modest şi rezervat, pretenţiile ei foarte mici veneau după un deceniu de festivism, cheltuieli nebuneşti, cultul personalităţii, lipsă de moralitate regală, camarilă puternică şi nesătulă. Elena era exact invers – ştiind prin ce greutăţi trecea ţara, căuta să reducă orice cheltuială. Încă de la întâlnirea cu Raoul Bossy „solicitase cea mai redusă curte posibilă: un mareşal al curţii, poate două doamne de companie, aghiotanți schimbați la fiecare trei luni, astfel încât să nu poată fi corupți, iar din fostul staff doar bătrânul Mocsony să poată fi păstrat. Nimic care să permită ca o nouă camarilă să prindă rădăcini." (*www.catchy.ro*)

La 13 septembrie 1940, Elenei i se face primirea oficială la București. În mai puțin de un an, la 22 iunie 1941, armata română intră în război de partea Germaniei, depășind cu greu și cu numeroase jertfe umane primii ani ai războiului, guvernarea legionară din septembrie 1940-ianuarie 1941 și rebeliunea legionară din 21-23 ianuarie. Reinstalată în postura de infirmieră, Elena dispune transformarea unei aripi a Palatului Regal în spital, pe care îl coordonează cu un nebănuit simț administrativ.

În aprilie 1941, Grecia este înfrântă de trupele italo-germane, iar fratele ei, Regele George se autoexilează în Egipt. Zdrobită, Elena trebuie să-l însoțească pe Mihai la Berlin, respectiv la Roma, unde acesta poartă discuții oficiale cu doi dintre călăii patriei sale, Hitler și Mussolini. Între două îndatoriri sociale, Elena găsește întotdeauna răgazul necesar amenajării castelului de la Săvârșin, din județul Arad, pe care îl cumpără împreună cu Regele. Instalată în reședința oficială de la Foișor, angajează familia restauratorilor pânzelor Galeriei Uffizzi, Vermeyer, pentru a se ocupa de colecția de pictură a Casei Regale. Participă cu destulă reținere la vânătorile regale, însă călătorește neobosită prin țară.

Actul istoric de la 23 august 1944 o găsește la Sinaia. Înștiințată de întoarcerea armelor împotriva Germaniei și de arestarea mareșalului Antonescu, Elena trece prin momente de coșmar: știe că viața fiului ei este în pericol.

La orele 22.00, Radio București difuzează Proclamația regelui Mihai în direct. Generalul Sănătescu preia conducerea noului guvern, pe fondul atacurilor aeriene germane, care bombardează Bucureștiul. Casa Nouă, clădire situată pe domeniul Palatului regal, servind drept locuință particulară a Regelui Mihai, este incediată. Regele părăsește precipitat Capitala spre o direcție necunoscută. Elena îl urmează pe ruta Brașov – Târgu-Jiu – Bumbești Jiu, unde cei doi se reunesc. Timp de două săptămâni, Regele și Regina-Mamă locuiesc incognito în satul Dobrița.

Reveniți în București, se confruntă acum cu adevăratul pericol, cel sovietic, care acționează în vederea înlăturării Monarhiei. Astfel, comisarul Andrei Vâșinski, responsabil cu Balcanii, pretinde Suveranului demiterea guvernului Rădescu și înlocuirea lui cu un guvern comunist. În ciuda opoziției regale, la 2 martie 1945, guvernul Groza se instalează la putere. Atitudinea duplicitară a Rusiei sovietice merge până acolo încât, în iulie 1945, Regelui Mihai i se conferă Ordinul Victoria pentru meritele deosebite de război, pe fondul dezordinilor interne tot mai alarmate, contracarate prin greva regală. Retras la Sinaia, Mihai I adresează apeluri Rusiei, Angliei și Statelor Unite, care își trimit formal reprezentanții. În martie 1946, președintele Truman îi acordă Legiunea de merit. În ciuda gestului de considerație al unei superputeri ca Statele Unite, Tribunalul Poporului, instituit ilegal de comuniști, îl execută la 1 iunie pe Ion Antonescu, iar alegerile electorale din noiembrie 1946 sunt măsluite. Cu spaimă, dar nu fără umor, Elena asistă la înrobirea quasi-totală a României unei puteri ostile, prin intermediul unor oameni de joasă extracție socială, demagogi și falși patrioți, aserviți politicii lui Stalin. Și cum o nenorocire nu vine niciodată singură, la 1 aprilie 1947, Elenei îi parvine știrea despre moartea subită a fratelui său, George al II-lea.

În octombrie 1947, Regina Elisabeta a II-a a Marii Britanii își oficiază căsătoria cu Prințul Filip de Grecia și Danemarca, nepotul Reginei-Mame. Invitați la ceremonie, Mihai și Elena se deplasează la Londra, de unde revin la 21 decembrie 1947, spre indignarea guvernului comunist. Incomodați de prezența celor doi, comuniștii forțează plecarea Regelui Mihai, amenințat cu asasinarea unui număr de peste o mie de studenți, veniți să-i scandeze numele sub ferestre. Convocat de urgență la Palatul Elisabeta de către Petru Groza și Gheorghe Gheorghiu-Dej, Regele este pus în fața unei situații fără ieșire: la 30 decembrie 1947, depășit de circumstanțe, Mihai I își pune semnătura pe actul de abdicare. La 3 ianuarie 1948, Elena părăsea pentru totdeauna România. Se încheia astfel ultimul capitol din existența românească a Elenei, sortită să împărtășească destinul familiei sale grecești.

Timp de peste trei decenii, Elena trăiește la Florența, înconjurată de artiști, scriitori, poeți, bijutieri, arhitecți horticoli, în mijlocul grădinilor sale de flori și portocali, a cărților și obiectelor rare. În memoria celor care au cunoscut-o și au prețuit-o la adevărata sa valoare, Elena a rămas drept una dintre cele mai distinse personalități regale ale secolului. Elegantă, discretă, rafinată, dotată cu un simț al umorului unanim recunoscut, dar și cu spirit critic pe măsură, Elena a stârnit admirația unor contemporane remarcabile prin frumusețea lor, precum Regina

Maria a României, care o cataloghează ca „adorabilă", în timp ce Marta Bibescu, o descria ca „prezentabilă, înaltă, brunetă, cu un farmec discret și o fire plăcută care-i atrăgea pe cei din jur". Constrângerile materiale din ultimii ani de existență o determină să renunțe la Vila Sparta, locuința sa de suflet și să se mute în anul 1980, la Lausanne, unde se stinge din viață la vârsta de 86 de ani, la 28 noiembrie 1982. (*www.istorie-pe-scurt.ro*)

Femeia fatală – „Duduia" Elena („Duța", „Magda") Lupescu, ex-Tâmpeanu, ex-Grünberg

Principele Carol se rupsese total de iubita din tinerețe (Ioana Lambrino), dar – practic – asta se întâmplase nu la insistențele Casei Regale, nu datorită căsătoriei cu Principesa Elena a Greciei, ci o dată cu intrarea în viața lui a controversatei Elena Lupescu, o „Duduie" senzuală și experimentată în relațiile cu sexul opus.

Elena Lupescu s-a născut într-o familie de evrei, la 15 septembrie 1895 la Iași. Tatăl său, Nahum Grünberg, era farmacist, iar mama ei, Eliza Falk, fusese dansatoare. Părinții ei s-au convertit la creștinism, iar Nahum Grünberg și-a luat întâi numele de Nicholas Wolff, apoi Nicolae Lupescu. Micuța Elena și-a petrecut primii ani ai copilăriei la Iași, alături de fratele ei Constantin. La începutul anilor 1900, tatăl ei a luat decizia radicală de a părăsi Iașiul. În căutarea unui trai mai bun, farmacistul s-a mutat cu familia la capătul României, în cel mai în-depărtat punct estic – Sulina. Aici și-a deschis o spiţerie pe Strada a Doua de la Dunăre, paralelă cu faleza – care este Strada întâi în numerotarea edilitară. „Pe acea vreme, casele în care se făcea comerţ aveau prăvălia la parter și locuinţa la etaj în care stăteau proprietarii. Avem și acum astfel de case în Sulina, care au rezistat timpului și celor patru bombardamente care au afectat așezarea de-a lun-gul timpului: în războiul Crimeii (1853-1856), Sulina a fost bombardată de britanici în iulie 1854, în Războiul de independenţă (1877-1878) de către ruși, în Primul Război Mondial în 1917 de către germani și în Al Doilea Război Mondial de către sovietici", relatează localnicul Gheorghe Comârzan, maistru militar de marină în re-zervă, istoric al Sulinei. Sulina cunoștea atunci o înflorire spectaculoasă. Sediu al Comisiunii Europene de la Dunăre, declarat Porto Franco (liber de taxe) între anii 1870 și 1931, orașul exotic devenise casa a 26 naţii, câte au trăit la un moment dat aici. Familia Lupescu s-a încadrat așa-dar în peisajul mozaicat din Dobrogea și în special de la Sulina. Istoria sa în această așezare nu este însă cunos-cută. Localnicii își amintesc că spiţeria de pe Strada a Doua a luat cândva foc, iar acum nu mai există. „Casa a rămas în picioare după bombardamentul devastator din 25 august 1944, cea mai neagră zi pentru Sulina. Atunci, orașul a pierdut peste 60% din patrimoniul său cultural. Clădirea a rezistat până în anii '80", arată Gheorghe Comâr-zan. Casa Lupeascăi a fost distrusă într-un incendiu în anii '80, iar ruina a fost cumpărată de un medic stomatolog care a vândut-o unui fost viceprimar al orașului. Acesta

a ridicat o casă nouă, folosind la construcţie din cără-
mida veche de la 1900, care se vede şi acum pe clădirea
alăturată, similară. Arhivele au fost pierdute în timp, ast-
fel că acum nu se mai găsesc fotografii cu imobilele.
„Locul acesta de pe Strada a Doua avea vad, pentru că la
1900, cel mai probabil farmacia avea vedere la Dunăre.
Acest complex comercial din faţa sa, aflat actualmente în
paragină, a fost construit de comunişti. Fotografii vechi,
însă, cu acele clădiri de la 1900, nu mai sunt de găsit. Mai
sunt ruine, porţi ce poartă înscrisuri cu anii de construc-
ţie a caselor şi cu numele proprietarilor, o clanţă sau alte
ornamente", explică Gheorghe Comârzan. Pe pagina sa
de Facebook, „Europolis – Trecut şi prezent, aici a fost
odată marea", istoricul Sulinei postează imagini vechi ale
pitorescului port de la vărsarea Dunării în Marea Neagră.

După câţiva ani de stat la Sulina, farmacistul Lupescu
s-a mutat la Bucureşti, iar Magda, cum era cunoscută
Elena Lupescu, este înscrisă la o şcoală catolică, unde
supravegherea strictă era făcută de călugăriţe. În 1912,
familia se întoarce la Iaşi, oraş unde Elena avea să-şi cu-
noască viitorul soţ, locotenentul Ion Tâmpeanu. Cei doi
s-au căsătorit la 17 februarie 1919, la Iaşi, dar căsnicia
n-a rezistat firii ei uşuratice. Ofiţerul Tâmpeanu a devenit
în scurt timp deja ţinta ironiilor pentru comportamentul
scandalos al tinerei lui soţii, căreia îi plăcea prea mult com-
pania bărbaţilor. (*www.adevarul.ro*)

„Prin 1938, serviciile secrete româneşti intrau în
alertă maximă: la Paris ar fi existat nişte fotografii cu
Elena Lupescu nud. Exista pericolul ca aceste imagini să
apară în presă, aşa că agenţii de la Bucureşti au împânzit

redacțiile și au plătit din greu pentru a pune mâna pe fotografii. Se pare că au reușit și amanta regală a evitat să apară în presă în fundul gol."

Despre „Duduia Roaibă" a lui Carol al II-lea, cea mai bârfită femeie a secolului trecut, a existat suspiciunea că, ar fi fost, înainte să-l cunoască pe Rege, dacă nu prostituată de bordel, cel puțin damă de consumație pentru ofițeri. De unde a plecat totul? În 1925, Elena Lupescu se cuplase cu cineastul Tudor Posmantir, evreu din Brăila, care conducea o mică afacere cu filme porno și „albume de plasament" (pe baza imaginilor etalate în ele, clienții simandicoși își puteau selecta partenere cu totul speciale, care le erau livrate ulterior, împreună cu omagiile proxenetului). Și Elena Lupescu pozase în tinerețile ei pentru un astfel de album, fotografiile sale nud fiind mai târziu recuperate din străinătate cu sume importante. Unul dintre clienții lui Posmantir, în anii '20, era chiar Prințul Carol, pe care îl însoțise într-o călătorie în jurul lumii și căruia îi plasa în mod curent femei. (*https://istoriirega-site.wordpress.com*)

La un moment dat, „Duduia" (care în timpul Primului Război Mondial, fusese căsătorită cu acel nefericit locotenent de vânători de munte, Tâmpeanu, de care, însă, divorțase după scurt timp) i-a fost plasată subtil Prințului Moștenitor de abilul Posmantir. Carol și Lupeasca s-au întâlnit ca din întâmplare, în 1925, într-o zi de 14 februarie, la premiera peliculei *Nibelungii* de la cinematograful Fundației Culturale Regale. (O altă versiune susține că, înainte de a lua startul în cursa de autoturisme la care participa, o frumoasă doamnă a aruncat în mașina prințului moştenitor al tronului României un buchet de flori şi i-a urat succes, zâmbindu-i şi privindu-l provocator...) Carol, deşi – după anularea căsătoriei cu Zizi (Ioana Maria Valentina) Lambrino din 1918-1919 – era căsătorit cu Principesa Elena a Greciei (care-i dăruise şi un copil, pe viitorul Rege Mihai), era într-o permanentă căutare de aventuri erotice. Bănuit de priapism (afecţiune care face ca organul sexual masculin să rămână în erecţie pentru lungi perioade fără a fi excitat în vreun fel), nu îşi găsea cu uşurinţă partenerele cele mai potrivite.

Constantin Argetoianu (om politic a cărui credibilitate nu poate fi pusă la îndoială – senator, „ministrul de interne care a distrus mişcarea comunistă", ministru de justiţie, ministru de finanţe, prim-ministru) spune în memoriile sale că din punct de vedere al dotării sale anatomice, Carol era „un fenomen al naturii". Dimensiunea falusului princiar a traumatizat-o profund pe soţia sa, Elena: „Intimii Principesei Elena lăsau să se înţeleagă că motivul principal al fobiei acesteia pentru regalul ei soţ era brutalitatea cu care o supunea, zi şi noapte, în pat sau la repezeală pe un colţ de canapea, îndatoririlor ei conjugale". Tot Constantin Argetoianu nota că Alexandru Davila i-a povestit cum s-a petrecut iniţierea sexuală a lui Carol. Unchiul acestuia, Regele Carol I l-a rugat pe Alexandru Davila să găsească o damă de consumaţie pentru tânărul print, când acesta avea 16 ani. Reacţia femeii după noaptea petrecută cu Carol a fost cât se poate de explicită: „M-a omorât, nene Alecule!". (De altfel, se spune că şi prostituatele din Sărindar îşi luau tălpăşiţa, înfricoşate de renumele falic al lui Carol, atunci când acesta ieşea

seara la agățat cu faimosul său Buick decapotabil, auto-
mobilul atent supravegheat și protejat de prefectul de
poliție Gavrilă Marinescu, membru de bază al camarilei
regale, cel care, de altfel, avea grijă să presare pe traseu
fete „curate", atent alese.)

Din cauza maladiei numite priapism, de care a suferit
Carol, viața sa amoroasă a stat sub semnul unui apetit
sexual anormal care l-a făcut, nu de puține ori, să ia de-
cizii deloc demne pentru o față regală. Priapismul, boala
foarte rară de care a suferit Carol al II-lea, consta într-o
stare de erecție aproape permanentă, dureroasă, însoțită
de un prurit insuportabil, de care bolnavul scăpa doar dacă
dorința sexuală era satisfăcută. Denumirea bolii vine din
mitologia greacă, de la zeul Priapus, pe care izvoarele
istorice îl înfățișează având o erecție permanentă și un
penis anormal de mare. Viața lui Carol al II-lea a stat sub
semnul ciudatei maladii considerată nu o boală de natură
sexuală, ci una a sângelui. Se spune că Pricipele ar fi do-
bândit boala genetică ca urmare a unei dereglări genetice
cauzate de încrucișările de secole ale familiei nobile din
care provenea.

Tânărul Carol a fost sedus din prima clipă de mixul
sofisticat de candoare și perversiune pe care-l punea la
bătaie Elena Lupescu. Aceasta „susținea conversații de
excepție, era un ciudat amestec de femeie fatală, dom-
nișoară și curtezană, era încăpățânată, dar bună la suflet,
era elegantă… O femeie prea modernă pentru timpul
său"… „Înalta Doamnă", „Femeia Nefastă", „Duduia",
„Lupeasca", „Roaiba" sunt doar câteva dintre apelati-
vele sub care era desemnată în epocă și, chiar din această

simplă enumerare, se vede cât de dificil era de fixat ea într-o formulă caracteriologică. Era o frumuseţe neconvenţională, unii nici nu prea o considerau frumoasă! Elena – care-şi mai zicea şi „Magda" sau, mai rar, „Duţa" – nu era înaltă, ci o minionă delicată, cam la 1,60 metri înălţime, cu pielea albă, ca de sidef, vag presărată cu pistrui (doar uneori, vara, după vreo escapadă la Techirghiol), părul blond-roşcat, cu multe oscilaţii de culoare după capriciile modei, ochii verzi de o mare intensitate, dar trăsături ale feţei destul de convenţionale. Chipul îi era, însă, luminat de o strălucire aparte, care o făcea imediat remarcată. Avea, cum se zice, acel *je-ne-sais-quoi*, care nu doar că poate scoate din anonimat pe oricine, dar reuşeşte să facă acea fiinţă inubliabilă...

Biografia Elenei Lupescu, cea de dinainte de întâlnirea cu Carol, nu iese prea mult din tiparele epocii. Conform unui raport al Direcţiei Generale a Poliţiei, datat 29 iunie 1935, ea s-a născut la Iaşi, sub semnul zodiacal al aprigei Fecioare", pe 16 septembrie 1896 (deşi, din cochetărie feminină, ea a încercat să acrediteze şi versiunile „1899" sau „1902"). A fost fiica lui Nicolae (Nahum) Grünberg (născut evreu, ulterior botezat creştin ortodox) şi a Elizei Falk (născută evreică, botezată în religia catolică), fostă dansatoare la Viena. Din diferite raţiuni, nu şi-a asumat originea semită. În 1927, Elena scria în memoriile ei (publicate de revista Realitatea): „Sunt născută la Bucureşti, tatăl meu fiind român şi mama mea rusoaică. Tatăl meu era chimist. Nu suntem evrei, deşi s-a spus că suntem. Am prieteni foarte iubiţi printre evrei şi, dacă aş fi evreică, aş fi mândră de asta". (*Memoriile* au fost scrise în exil, la Paris, într-un anumit context: Regele Ferdinand murise de curând, Mihai îi urmase la tron, asistat de un Consiliu de Regenţă, dar Carol începuse să tragă sfori să revină în ţară şi să revendice Coroana la care renunţase în 1925.) Evident că biografia i-a fost scrisă şi rescrisă în funcţie de capriciile istoriei. Şi în privinţa numelui său real au existat controverse: Elena Lupescu, fosta Tâmpeanu (prin căsătoria cu un ofiţer român, de care a divorţat în cele din urmă, „pe principiul că unei membre a societăţii bune de la Cazinoul din Sinaia nu i se potriveşte viaţa de gospodină"), s-ar fi numit de fapt „Magda Wolf" sau „Duţa Grünberg", dar aceste variante sunt, totuşi, foarte greu de susţinut.

De ce, până la urmă, nu doar că l-a fascinat pe Carol, ci l-a făcut pe acesta efectiv dependent de ea, încât l-a determinat să renunţe la Coroană în 1925, iar, în 1940, la plecarea Regelui în al doilea exil, s-o ia cu el departe, în Mexic, Brazilia (unde s-au şi căsătorit în 1947) sau Portugalia? Simpla explicaţie legată de faptul că Duduia, rutinată profesional în pat, stăpânea un impresionant arsenal de tehnici sexuale eficiente în a-i alina lui Carol priapismul pare, mai degrabă, un cancan, care nu lămureşte decât, cel mult, latura fizică a problemei. (Organul sexual al Regelui Carol al II-lea a devenit element de folclor urban încă din perioada interbelică, după cum o atestă scriitoarea britanică Olivia Manning care a trăit la Bucureşti prin 1940: „Întoarse o monedă de un leu pe partea imprimată cu un cocean de porumb şi spuse: «Un portret al Măritei şi Glorioasei sale Majestăţi, Regele Carol al II-lea! Dumneata, draga mea, s-ar putea să nu

recunoști asemănarea, dar sunt multe alte doamne
pentru care nu ar fi o problemă»".) Oricum s-ar pune
problema, aspectul sexual nu poate fi ignorat. „Elena
Lupescu a fost singura femeie capabilă să îl satisfacă pe
Carol al-II lea și s-a folosit de acest atu pentru a-și elimina
adversarii care îi cereau Regelui să renunțe la amantă."
Favorurile regale, ascensiunea politică, numirea guver-
nelor, marile contracte cu statul – toate atârnau de bunul
plac al Elenei Lupescu. Regele era un sclav în fața ei din
cauza dependenței sexuale – Argetoianu scria că Regele
„se pierde între cracii damei". Despre femeia cu părul
roșu, Carol scria: „Este esența vieții mele, este talismanul
cel divin și în clipele de greutăți este refugiul meu suprem.
Această dragoste este așa încât nici nu pot concepe viața
fără ea. Am o nevoie imperioasă de ea, clipă după clipă.
Îmi este indispensabilă. E carne din carnea mea. Femeia
asta îmi aduce o bucurie infinită". Istoricii au susținut că
Elena Lupescu a fost singura femeie care a reușit să sa-
tisfacă apetitul sexual anormal pe care regele îl avea din
cauza priapismului.

În 1934, același om politic nota: „În ziua de 17 ianu-
arie 1934 (țin să precizez data din cauza enormității con-
fidențelor) mareșalul Averescu, în cursul unei vizite ce-i
făceam, mi-a spus că Prințul Carol i-a mărturisit că nu-
mai cu Lupeasca mai putea avea erecțiuni. Duduia, a
continuat Averescu, ține pe Rege prin cunoștința secre-
telor lui de anomalie sexuală". Ziaristul Pamfil Șeicaru,
directorul ziarului Curentul din perioada interbelică,
scria și el: „Carol nu putea fi acaparat decât de o femeie
care aducea o vastă experiență în legăturile cu bărbații,

de pe urma cărora a căpătat o mare tehnică. O femeie vulgară, indecentă, stăpânind toate vicleşugurile de alcov şi care, în loc de un leşinat sentimentalism, să-i servească o pitorească trivialitate".

Odată ce femeia s-a infiltrat în inima (şi în patul) lui Carol, ea a depus toate eforturile ca să înţeleagă caracterul iubitului ei şi să se comporte după placul lui. „A priceput curând că, sub faţada virilităţii sale, Carol II era cumplit de vulnerabil: un bărbat slab, nehotărât, imatur, care avea nevoie să fie consolat, alintat şi copleşit cu afecţiune". Cu toate acestea, se ştia că, în fapt, nici Elenei Lupescu nu-i prea ajungea „mădularul" iubitului. Generalul Gavrilă Marinescu, membru al camarilei regale, îi spunea lui Constantin Argetoianu că Regele, Elena Lupescu şi adjutantul regal Ernest Urdăreanu „făceau figuri în trei" şi că nu doar Regele era infidel şi se culca cu diverse prostituate, dar şi Elena Lupescu îşi înşela regalul amant ori de câte ori avea ocazia. Cert este că abila Lupească – „îndrăzneaţă, plină de încredere în sine, dominatoare" – ştia să-l manipuleze pe Rege ca nimeni alta.

Evenimentele aveau să se precipite în curând. La 20 noiembrie 1925, mătuşa lui Carol, Regina Alexandra a Marii Britanii, a murit la Palatul Windsor. La funeralii, trebuia să participe şi o delegaţie a Familiei Regale din România, date fiind legăturile de rudenie dintre cele două case regale. Şeful guvernului, Ionel Brătianu, a profitat de ocazia ivită din senin şi i-a sfătuit pe Rege şi pe Regină să-l trimită pe Carol la Londra, fiind convins că, o dată ce a plecat din ţară, nu se va mai întoarce curând la Elena Lupescu. Acelaşi lucru l-a spus şi Principesa Elena (soția lui Carol din acel moment): că, o dată ajuns în străinătate, nu avea să se mai întoarcă prea curând. Brătianu își argumenta poziția spunând că o schimbare de decor fără Elena Lupescu i-ar fi făcut bine Principelui.

Regele Ferdinand ezita în a lua o decizie, însă Regina Maria și Prințul Știrbey au sprijinit ideea. Regina notează, cu multă naivitate, în jurnalul ei că „O mică vacanță până la Crăciun e tot ce îi trebuie". Carol chiar și-a dat cuvântul de onoare că se întoarce acasă de Crăciun. Luând act de toate aceste păreri, Ferdinand și-a dat consimțământul.

Ajuns la Londra, Carol a fost oaspetele rudelor sale din familia regală britanică. „Comportamentul lui a fost unul cât se poate de cordial, fără să dea vreun semn că vrea să facă sau să anunțe ceva neobișnuit. Însă, după o săptămână, va pleca brusc, îndreptându-se spre coastă, traversând Canalul Mânecii până la Calais, de unde a luat trenul spre Paris. La Paris, era așteptat de către iubita sa Duduie, Elena Lupescu."

După ce au petrecut câteva zile la Paris, Carol și Elena au plecat în Italia, la Milano și, mai apoi, Veneția. De aici, Carol i-a transmis tatălui său o scrisoare cutremurătoare, imprevizibilă: „Vă rog ca prin această declarație să primiți că renunț la toate drepturile mele de principe moștenitor la României. Conform statutului familiei regale, rog pe Majestatea Voastră de a-și da Înalta Sa aprobare acestei hotărâri irevocabile. Totodată, spre a nu produce vreun neajuns în viitor, să dați Înaltul Majestății Voastre ordin ca să fiu șters dintre membrii familiei domnitoare a României și să mi se acorde numele sub care îmi voi putea alcătui o nouă stare civilă. Prin aceasta declar că nu voi avea nici o pretenţie asupra drepturilor mele, la care am renunţat de bunăvoie, şi că mă angajez, pentru liniştea tuturor, să nu mă mai întorc în ţară timp de 10 ani fără a fi chemat de cei în drept şi fără autorizaţia Suveranului."

Prinţul Moştenitor i-a trimis o scrisoare şi Reginei, în care avea un ton straniu, sugerând patetic ...să fie declarat mort într-un accident de automobil: „De vreme ce o să fiu mort pentru mulţi, lasă-mă să fiu mort pentru toată lumea. Am să ştiu să dispar fără nicio urmă".

Această decizie foarte probabil că era gândită de ceva timp de Carol, însă şi-a găsit finalitatea numai după ce i s-a alăturat Elenei Lupescu, la Paris. Pasiunea enormă pe care o avea Carol pentru ea l-a împins în această decizie extremă. A trebuit să aleagă între ea şi tron; nu le putea avea pe amândouă, asemenea vărului său britanic, viitorul Rege Edward al VII-lea, care va abdica şi el în 1936, pentru că nu se putea despărţi nici el de iubita sa americancă, Wallis Simpson.

La 21 decembrie 1926, scrisorile lui Carol au ajuns la Cotroceni. Regele a fost şocat, Prinţesa Elena (care intuise ce avea să se întâmple) nu a fost chiar surprinsă, iar Regina a izbucnit în plâns: „Sunt nişte scrisori impertinente, nemiloase, îngrozitoare, în care declară cu răceală că abandonează totul: nevasta, copilul, onoarea şi viitorul", îi mărturisea ea Regelui George al V-lea al Marii Britanii.

Lucid până la cinism, doar Ionel Brătianu, care îl detesta sincer pe Carol, era foarte încântat de cursul evenimentelor: „Bună afacere! E limpede că nu ne putem permite un viitor rege psihopat, oricât de inteligent ar fi".

Regina a fost rugată de Nicolae Iorga să îi permită să meargă la Milano pentru a vorbi cu Carol, spunând că îl cunoaşte bine şi că are o oarecare influenţă asupra lui. Regina i-a răspuns că „Nu se mai poate face nimic cu el. E un depravat".

După o aprinsă dezbatere, guvernul a anunţat că a acceptat decizia lui Carol şi l-a proclamat pe Prinţul Mihai, care avea numai patru ani(!), noul moştenitor al tronului. Alături de liberali, un alt participant la Consiliu care i se opunea categoric lui Carol era generalul Alexandru Averescu, vechi adversar al prinţului moştenitor care mai încercase o dată să-l îndepărteze, cu ocazia „afacerii Lambrino", din 1918, când Carol se însurase pe ascuns cu Zizi Lambrino.

În comunicatul oficial de acceptare a retragerii lui Carol, Palatul a declarat că primise asigurări de sprijin din partea tuturor liderilor de partide, aşa cum se obişnuia. Parlamentul urma să se întrunească într-o sesiune extraordinară în data de 4 ianuarie.

După Consiliul de Coroană, Regele i-a spus unui apropiat că: „Mai bine primeam o depeşă prin care mi se anunţa că a murit".

În august 1926, Carol s-a întâlnit în secret la Paris cu Regele Ferdinand. Întâlnirea dintre cei doi a fost una foarte profundă. Era prima întâlnire pe care o aveau după decizia pe care o luase Carol. „Discuţia celor doi s-a centrat pe problemele personale ale lui Carol, dar şi pe situaţia politică din ţară. Regele i-a specificat condiţiile în care Prinţul s-ar fi întors în ţară, însă acesta nu a simţit că le-ar putea îndeplini."

În octombrie, Carol s-a întâlnit cu Regina la Paris, care era în drum spre Statele Unite. Spre deosebire de întâlnirea pe care a avut-o cu tatăl său, acum, Carol și-a primit mama cu mai puțină afecțiune. Regina l-a descris ca fiind „palid, cu buze triste și ochi neliniștiți". L-a întrebat dacă „ar îngădui să fie readus în țară prin mijloace necinstite", iar Carol a răspuns: „Niciodată! Vă sunt complet loial ție și tatei. Nimic nu m-ar putea atrage într-o intrigă politică".

Atâta vreme cât Ferdinand era Rege și Brătianu guverna, era foarte greu ca Prințul Carol să se întoarcă în România. Însă totul avea să se schimbe pe parcursul anului 1927, când Regele Ferdinand, măcinat de cancer la intestine, își încheia socotelile cu această lume. Ultimele luni ale lui Ferdinand au reprezentat un adevărat chin, acesta urmând un tratament foarte dureros, petrecând tot timpul într-un cort, în afara Castelului Peleș, din pricina mirosurilor pe care le emana trupul suferind. Ferdinand a murit pe 20 iulie 1927, la ora două și un sfert, pe o furtună cumplită. „Sunt atât de obosit", au fost ultimele sale cuvinte. „Trebuie să fi fost fericit să se lepede de trupul său suferind", i-a spus Regina unui prieten.

Înmormântarea a fost extrem de simplă și demnă, așa cum și-o dorise Regele. Zeci de mii de oameni i-au adus un ultim omagiu Întemeietorului României Mari, în drumul pe care cortegiul l-a parcurs spre Curtea de Argeș, unde sicriul a fost depus alături de sarcofagele unchilor săi, Regele Carol I și Regina Elisabeta. Câteva ore după ce a aflat de moartea tatălui său, Carol a asistat la o slujbă la Biserica ortodoxă din Cartierul Latin din Paris. La ieșirea de la această slujbă, Carol a fost întrebat cum l-ar descrie pe tatăl său. Carol a răspuns: „Ferdinand cel Loial".

În timpul procesiunii funerare de la București, patru bărbați însemnați țineau colțurile steagului care acoperea sicriul Regelui, unul dintre ei fiind premierul Brătianu. „În timp ce cortegiul se deplasa, o rafală puternică de vânt a smuls steagul, lăsându-l pe Brătianu cu o bucată ruptă în mână. Pentru mulți oameni din acea vreme, acesta era un semn sigur că Primul Ministru avea să moară curând."

După moartea lui Ferdinand, Brătianu a întreprins cele mai energice măsuri pentru a împiedica o reîntoarcere a lui Carol. A fost înăsprită cenzura, a fost mărit numărul de agenți ai Siguranței care stăteau în preajma lui Carol în Franța. Brătianu declara fără niciun echivoc: „Cât voi avea eu un cuvânt de spus în această țară, Carol nu va trece hotarele". Iar într-un moment în care Regina îi cere permisiunea premierului de a vorbi cu fiul ei, acesta îi răspunde: „Dacă dumneata mă vei împovăra cu chestiunile dumitale familiale, eu voi proclama Republica."

Totul se va schimba pe 24 noiembrie 1927 când, la 24 de ore după ce Brătianu a contractat o puternică infecție a gâtului, anunțată inițial a fi amigdalită, mâna de fier pe care se baza țara, se stinge brusc de septicemie. Astfel, la o distanță de doar patru luni, primii doi oameni ai României se sting, lăsând în urmă un deficit serios de putere.

În ciuda durerii sincere pe care Carol a resimțit-o după pierderea tatălui său, el nu avea cum să înțeleagă că situația îi devenise brusc favorabilă, iar perspectiva întoarcerii era din ce in ce mai plauzibilă. „Liberalii aveau să piardă alegerile, iar Regența va numi un guvern Național-Țărănist în frunte cu Iuliu Maniu, care nu era printre adversarii lui Carol, ci un om echilibrat care privea noua situație cu realism. Nu îi mai rămânea lui Carol decât să înceapă să negocieze condițiile în care ar putea să se întoarcă."

Fundalul economic instabil, lipsa implicării și a autorității din partea membrilor Regenței (Prințul Nicolae, unchiul lui Mihai, Patriarhul Miron Cristea și Gheorghe Buzdugan, președintele Înaltei Curți de Casație – acesta din urmă înlocuit ulterior cu Constantin Sărățeanu) în treburile statului „au instalat la nivelul opiniei publice un sentiment de simpatie față de Prințul aflat în surghiun. Tot mai mulți, în special armata, neglijată în această perioadă, doreau reîntoarcerea lui Carol".

Totul avea să culmine în 1930, la 6 iunie, când Carol va ateriza, după un plan bine stabilit, dar și după o călătorie plină de peripeții, la Băneasa. Era ora 22:10, începutul Restaurației. Singura condiție impusă lui Carol era ca acesta să renunțe definitiv la Elena Lupescu. Curând, însă, după numai două luni de „abstinență", Carol o aduce pe ascuns în țară și o cazează la Sinaia. După acest episod, Elena Lupescu ajunge la București, și este cazată într-o vilă de pe Aleea Vulpache. Vila a devenit centrul Camarilei, cartierul general al grupului ocult de interese care ajunsese să dicteze Regelui felurite decizii. „Treptat, Elena Lupescu și Camarila, în ansamblu, și-au extins influența, ajungând să controleze evoluția vieții politice, întreținând disensiunile dintre fruntașii partidelor, impunând ideea că de teribila amantă depinde venirea unora sau a altora la guvern." Și viața economică a României era la fel de mult influențată de Elena Lupescu și Camarilă

„prin jongleriile cu comenzile de stat, care-i puteau îmbogăți pe cei apropiați și defavoriza pe adversari sau chiar elimina pe indezirabili".

„Duduia" știa perfect ce vroia de la viață. Ea își finanța viața luxoasă cu banii primiți de la diverși oameni de afaceri, cărora le înlesnea favoruri și protecția Regelui. Revista Time relata în 1937: „În România, a cărei familie regală n-a fost niciodată considerată bogată ca să țină un iaht de 1.350.000 de dolari, cu atât mai mult să cumpere unul, cumpărarea acestuia /iahtul lui Eduard al VIII-lea/ a dus la concluzia zdrobitoare că Elena Lupescu este cea mai șireată făcătoare de bani din România".

„Duduia" știa să se facă utilă în toate privințele. Ea a fost, de pildă, cea care i-a făcut rost de prima femeie fiului lui Carol, viitorul Rege Mihai. Jurnalul lui Carol al II-lea ne spune cu amănunte povestea primei iubiri a regelui Mihai. Este vorba de o tânără numită Yvonne, „recrutată" pentru relația cu tânărul Mihai de chiar amanta regală Elena Lupescu. Conform însemnărilor lui Carol al II-lea începuturile relației lui Mihai cu Yvonne au fost relativ complicate, implicarea amantei regale fiind una decisivă: „9 aprilie 1937. Tratativele Duduii cu părinții Yvonichii au dat rezultatul scontat, i-au acceptat propunerea, îmi pare bine pentru Mihăiță". În această relație a fost implicat și aghiotantul lui Carol, comandorul Știubei – care și el avusese o relație intimă cu iubita lui Mihai. Povestea de dragoste dintre adolescentul Mihai și Yvonne a durat aproape doi ani de zile, din 1937 până în 1939, când, în urma unor negocieri dificile, iubita Prințului a primit două milioane de lei și a părăsit România. Disparitia bruscă a

„Yvonnichii" din viața lui Mihai avea să-i provoace aces-
tuia disperarea, dar izbucnirea celui de-al Doilea Război
Mondial, în toamna anului 1939, și, după aceea, pleca-
rea în exil a tatălui său, aveau să-i îndrepte gândurile spre
alte subiecte.

În septembrie 1940, Elena Lupescu l-a urmat în exil
pe Regele Carol al II-lea. Împreună, cei doi au ajuns cu
trenul regal la Lugano, în Elveția, după care destinul i-a
purtat în Spania, Mexic, Brazilia și, după căsătoria cuplu-
lui pe 3 iulie 1947 la Rio de Janeiro, înapoi în Europa,
stabilindu-se în Portugalia, la Estoril. Era a doua oară în
15 ani când Elena îl însoțea în exil, după ce în 1926-1930,
ei stătuseră împreună la Paris, unde Carol, care renunțase
la atributele sale princiare de dragul „Duduii", adoptase
numele „Caraiman". (Iluzia unui refugiu perfect a fost spul-
berată atunci de zecile de agenți ai Siguranței care i-au
urmărit pas cu pas în Franța. Pe 9 martie 1928 agenții de
Siguranță trimiteau la București un raport în care spuneau
că, la cazinoul din Cannes, Carol a câștigat 25.000 de
franci după care „s-a retras câteva momente cu d-na
Lupescu, chiar în automobilul său, apoi s-au reîntors
foarte obosiți". În perioada aceasta, cuplul a fost urmărit
îndeaproape și de serviciile secrete britanice, franceze, ita-
liene și sovietice. Belgienii, olandezii și spaniolii se intere-
sau și ei de obiceiurile viitorului monarh al României!)

Al doilea exil a fost unul mai liniștit, cel puțin în apa-
rență. Carol nu se mai afișa la cursele de mașini, în cazi-
nouri sau prin localurile scumpe. Vestea abdicării fiului
său Mihai pe 30 decembrie 1947 l-a făcut o clipă să se gân-
dească la posibilitatea reîntoarcerii pe tron. Evident, cu

trupele sovietice în țară, așa ceva era imposibil. Lui Carol nu-i mai rămăsese decât să-și savureze ultimii ani în compania femeii iubite, lucru pe care îl înțelesese cu ceva timp înainte. Iată un fragment emblematic din însemnările fostului monarh, făcute la 14 februarie 1943, la sosirea în Mexic: „Pentru Duduia și mine este o mare zi. E aniversarea împreunării noastre. Au trecut 18 ani de la acea zi fericită care a schimbat tot cursul vieții mele. Cred că puține perechi au putut menține o dragoste atât de constantă în decursul atâtor ani. Am trecut împreună prin așa de multe, am avut zile bune, dar mai ales dureroase și grele de îndurat (...). Suntem legați pentru vecie, nimica nu ne va despărți".

La 3 aprilie 1953, Carol murea în urma unui stop cardiac, fiind înmormântat în Capela Regilor din Estoril. La ceremonia funerară, Elena s-a aplecat asupra defunctului și a spus „Adio, dragostea vieții mele!". Coșciugul a fost depus mai întâi în Panteonul Regal, de la Mănăstirea San Vicente, și apoi mutat într-o capelă a cimitirului orașului Estoril. Elena Lupescu a murit la Estoril, la 7 iulie 1977. În ultimele clipe și-a strigat mama de trei ori, în trei limbi străine, dar nu și în linba română. Împotriva uzanțelor, a fost condusă pe ultimul drum îmbrăcată în rochie de culoarea cerului. Osemintele ei au fost așezate la picioarele Regelui. Mai apoi, sicriul ei a fost depus la capela Regilor Portugaliei din mănăstirea São Vicente de Fora din Lisabona, alături de sicriul Regelui Carol al II-lea. În anul 2003, sicriile celor doi au fost aduse la mănăstirea Curtea de Argeș.

După Carol, au rămas tot felul de amintiri picante. Gabriel M. Marinescu, căruia prietenii îi spuneau cu afecțiune „Gavrilă", a fost un personaj unic al epocii interbelice. Carol al II-lea, a cărui Restaurație ofițerul (colonel, avansat ulterior general de brigadă) a sprijinit-o, îl invita la partide nebunești de poker, iar Gavrilă nu venea cu mâna goală, el fiind nu doar Prefectul Poliției Capitalei, președintele Federației Române de Fotbal, sau sponsorul echipei de fotbal Venus, ci și, în secret, proxenetul regal. Generalul avea de unde alege pentru a-i recomanda protectorului său încoronat fete frumoase, pentru că, pe lângă prerogativele de șef al poliției, ținea în mâini și frâiele unui bordel de lux, situat lângă Parcul Cișmigiu.

Camarila avea reguli nescrise. „În afara darurilor periodice (aur, decorații, bani, acțiuni, obiecte de valoare), o metodă de a face bani erau jocurile de pocker, la care convivii Regelui pierdeau întotdeauna, iar Marinescu rar lipsea". În *Însemnări zilnice*, Regele Carol al II-lea menționează adeseori partidele de poker cu prefectul poliției: „La joc cu Gavrilă [Marinescu], Max [Auschnitt] și Ernest Urdăreanu" (21 martie 1937), „cu Duduia, Gavrilă și Urdăreanu" (25 martie), „cu Gavrilă și cu generalul Nicu M. Condiescu". Alături de generalii Dumitrescu și Stângaciu, de la Jandarmerie, și de Eugen Bianu, subdirectorul general de la Siguranță, Marinescu „trecea drept omul regelui", așa cum consemna Armand Călinescu, în 1933. Constantin Argetoianu însemna cu o amară ironie: „Mi s-a povestit de o partidă de poker la Duduia, în care a fost o întâlnire între Gavrilă Marinescu și Urdăreanu. După o licitare animată, Gavrilă a cerut 80.000 de lei; Urdăreanu a primit și a cerut plus 80.000 – adică în total 160.000 lei. Gavrilă a ținut, și au bătut cărțile: Urdăreanu avea secvența regală, iar adversarul său carré de ași. O sută șaizeci de mii de lei pe o carte, când cu câțiva ani înainte împușcai francul – iată una din minunile «Restaurației»! Trăiască Regele brelanului!". În fiecare seară, la Lupeasca, în Sinaia, intimii Regelui jucau poker. După partide, Gavrilă Marinescu „mergea apoi la Cazinou, și lăudându-se cu banii câștigați la pokerul regal, arunca pe mesele de ruletă și de bacara zeci de mii de lei".

Siguranța sfidătoare afișată de Marinescu nu era deloc întâmplătoare. Se cunoaște faptul că, în afară de amanta oficială, Regele „avea slăbiciune și pentru femeile de stradă, mai ales pentru țigănci" și „pentru actrițele de cabaret cu o vastă experiență sexuală". Pasiunea suveranului pentru femei ușoare este una certă. „[Eugen] Cristescu îmi spune că uneori Regele culege femei de pe stradă", nota, la 24 iunie 1932, Armand Călinescu, iar ministrul de Interne Constantin Argetoianu scria despre Carol că mergea într-un Ford de două locuri pe străzile Brezoianu și Sărindar, „aborda câte o prostituată, o aducea la palat" și „după o ședință mai lungă sau mai scurtă, îi da drumul cu un bilet de 500 sau 1.000 lei. La ieșirea din Palat, pațachina era ridicată de agenții Poliției și dusă la Gavrilă Marinescu, care îi mai da 5.000 lei și o amenința cu moartea dacă spune ceva. Cu timpul, Gavrilă organizase și acest serviciu, înlăturând din drumul regelui libera concurență și presărând străzile din jurul Palatului cu clientele lui. Prin discreția și dibăcia cu care îndeplinea acest serviciu, Gavrilă Marinescu și-a asigurat încrederea regelui şi permanenţa la Prefectura Poliţiei, cu toate abuzurile pe care le-a săvârşit".

Potrivit altor mărturii, cel care-l aproviziona pe Rege cu „prostituate, actriţe şi demimondene" din cluburile capitalei era, de fapt, Ernest Urdăreanu, ceea ce nu este de crezut, lacheul regal neavând nici pe departe conexiunile lui Gavrilă în acest domeniu. „Siguranţa îmi aduce informaţii că Regele iese tot mai frecvent noaptea şi că merge la Piaţa Sf. Gheorghe, pe Cheiul Dâmboviţei, şi ia femei de cea mai proastă speţă", nota şi Armand Călinescu la 5 decembrie 1932. Într-o întâlnire a acestuia cu prefectul poliţiei, acesta din urmă i-a declarat că „a luat toate măsurile de pază pentru Rege".

Martorii din epocă afirmă chiar că ar fi avut o aventură şi cu o faimoasă prostituată, Foamea Neagră, din cartierul Crucea de Piatră, la Bucureşti. Episodul este preluat de Petru Dumitriu în romanul *Cronică de familie*.

Deşi a avut numeroase amante, singurul copil din flori care îi este atribuit este actualul academician Constantin Bălăceanu-Stolnici, cu a cărui mamă, căsătorită cu un boier de viţă veche, Carol ar fi avut o relaţie prin 1921. (*www.universulargesean.ro*)

...Povestea lui Carol al II-lea, Regele cultivat şi inteligent, cel care a schimbat faţa Bucureştilor şi a întreţinut cultura română prin intermediul Fundaţiei Regale, dar care era bolnav de priapism şi bolnav după Elena Lupescu, rămâne unică în istoria României.

Către sfârşitul anilor '30, situaţia politică internă s-a deteriorat sub influenţa situaţiei internaţionale şi a acţiunilor Regelui, în 1938 fiind instaurată dictatura regală prin înlăturarea Constituției din 1923. Pe 10 februarie 1938, Carol al II-lea a desființat partidele politice. În locul acestora, a creat organizația politică totalitară Frontul Renașterii Naționale (FRN), în decembrie 1938. Fondatorii respectivului partid unic au fost Armand Călinescu, Grigore Gafencu, Petre Andrei, Mihai Ralea, M. Ghelmegeanu (excluși din PNȚ), C. Angelescu, M. Cancicov, Mitiță Constantinescu, Victor Iamandi, Victor Slăvescu, D. Alimănișteanu, C.C. Giurescu (dintre liberali), Ștefan Ghițescu, N. Miclescu, Alex. Hodoș, Anibal Teodorescu, Ionescu-Sisești, Vasilescu-Karpen, D.V. Toni (iorghiști), I. Gr. Periețeanu, V. V. Tilea (vaidiști), C. Garoflid, I. Gigurtu, I. Bujoiu (industriași), generali: N. Samsonovici, Gh. Rusescu, N. Rujinski, I. Sichitiu, Gh. Manu, oameni de cultură: Constantin Rădulescu-Motru, Ion Petrovici, Dimitrie Gusti, Iuliu Hațieganu, V. Vâlcovici, Lucian Blaga, consilierii regali: Miron Cristea (patriarhul), mareșalul Prezan, generalul Văitoianu, G. G. Mironescu, Nicolae Iorga, Gheorghe Tătărescu, Constantin Argetoianu, E. Balint. Nu au aderat: Iuliu Maniu, Virgil Madgearu, M. Popovici, Grigore Iunian, dr. Lupu, Dinu Brătianu, Gheorghe Brătianu.

Anul 1940 a consemnat fărâmițarea României Mari ca urmare a pactului dintre Germania și URSS, situație care a avut efecte dezastruoase asupra reputației monarhului român. Reorientarea politicii externe a României către Germania nazistă nu a putut salva regimul lui Carol, care a fost obligat să abdice de către generalul Ion Antonescu, proaspăt numit de el prim-ministru. I-a fost permisă părăsirea țării cu un tren special încărcat cu averi, nelipsind mult să fie asasinat de către legionari, care au tras asupra trenului. După cel de-al Doilea Război Mondial, fostul rege a dorit să se întoarcă la cârma țării și să-și detroneze din nou fiul, însă a fost oprit de Aliații vestici. S-a căsătorit în cele din urmă cu Elena Lupescu, murind în exil.

Dotat cu o inteligență extraordinară și pasionat de cultură, al cărei patronaj rămâne una din realizările sale majore, reputația lui Carol este pătată de viața sa privată, care a interferat cu administrarea treburilor de stat. Carol rămâne o personalitate controversată. De altfel, nici fiul său Mihai I nu a mai reluat vreodată legătura cu el, ne-luând parte nici la ceremonia de înhumare a rămășițe-lor lui Carol la Mănăstirea Curtea de Argeș, în 2003. (*https://ro.wikipedia.org*)

Carol a murit cu nostalgia tronului, pe care a dorit amarnic să-l recapete. Atât de mult încât, incapabil să înțeleagă evoluțiile politice din deceniul al cincilea al veacului trecut, a sperat că ar mai avea o șansă inclusiv după abdicarea forțată a fiului său Mihai I, pe 30 decembrie 1947, sub amenințarea armelor ocupanților sovietici…

Credința lui Carol al II-lea într-o revenire pe tronul țării a fost una devastatoare. În anii '40, fostul Rege nu numai că interpretează iluzoriu evenimentele, dar, mai mult, se agită pentru a le exploata în folos propriu. Date fiind condițiile din exil, compunerea și expedierea de epistole rămâne principala sa formă de acțiune. Autorul *Însemnărilor* își face un stil de viață din a-i bombarda pe mai-marii momentului cu telegrame și scrisori în care-și dă cu părerea. Pe 24 septembrie 1941 îi scrie lui George

Carol al II-lea – Suveranul controversat și iubirile lui interzise

al VI-lea, Regele Angliei, pentru a-şi exprima admiraţia față de vitejia de arme a britanicilor. Aceeaşi admiraţie, de astă dată faţă de greci, şi-o dezvăluie în epistola trimisă lui George al Greciei. Moartea lui Roosevelt îl face să compună rapid scrisori către văduva marelui dispărut şi către guvernul american; scrisori elogioase despre personalitatea fostului preşedinte al S.U.A. La încheierea celui de-al Doilea Război Mondial sunt pisaţi cu telegrame de felicitare Churchill şi De Gaulle. Churchill e felicitat călduros sub motiv că „aţi luptat cu atâta curaj şi atâta dârzenie pentru victorie".

Fostul Rege pune sentiment în telegramele şi scrisorile scrise de el însuşi, cumpănite până la ultima virgulă. Joi, 25 decembrie 1941, de Crăciun, *Jurnalul* său explică acest obicei de a-i bate la cap pe mai-marii lumii: „Spre a păstra legăturile, spre a lua altele, am reînceput anul acesta obiceiul suveran de a telegrafia de Anul Nou. O droaie de depeşe am trimis lui Bertie, Georgie, Mignon, Regele Haakon, Regina Wilhelmina, Roosevelt, De Gaulle, Sikorski, Beneş ş.a.m.d. E o piatră de încercare, să văd ce răspunsuri vor veni". Puţini îi răspund. Şi atunci, în formule seci, protocolare, cum e, de exemplu, epistola lui Roosevelt din 6 ianuarie 1942, drept răspuns la scrisoarea prin care Carol îşi expusese solidaritatea cu poporul american după atacul de la Pearl Harbour: „Dragă prietene, Scrisoarea dumneavoastră din 8 decembrie, scrisă imediat după atacul brutal şi barbar lansat de japonezi împotriva Statelor Unite, simbolizează indignarea pe care trebuie s-o simtă lumea în faţa acestui act al ţărilor agresoare. Vă mulţumesc sincer pentru acest mesaj".

Parcurgând-o, îți sar în ochi – precum jurnalistului Ion Cristoiu într-unul din eseurile dedicate lui Carol al II-lea – aspectul pur protocolar, limbajul de lemn, care nu spun nimic, scrise parcă de o mașinărie de răspunsuri la scrisorile admiratorilor. Lui Carol al II-lea îi scapă acest amănunt. Orbit de dorința reîntoarcerii pe tron, el vede în epistolă un nou semn că mai-marii lumii îl iau în calcul. (*www.adevarul.ro*)

Din nefericire pentru el, nimeni nu-l mai lua în calcul. Doar Elena Lupescu.

În *Memoriile* sale, Elena Lupescu descrie cum a decurs ultima zi din viața fostului suveran, precum și refuzul fiului său, Mihai I, de a-l vizita pe patul de moarte. Carol al II-lea și Elena Lupescu se căsătoriseră în exil, pe 3 iulie 1947. „Trăiam fericiți la Estoril, eram încă destul de viguroși, Carol avea 59 ani, eu 54. În casele fericite, Moartea intră uneori brusc, pe neașteptate. Slăbise mult, eram înnebunită de bănuiala că ar putea ascunde un cancer. Nu ne-am schimbat, însă, rosturile vieții. Primeam musafiri, ieșeam în oraș, vedeam filme, luam masa pe malul mării, ascultam muzică, Carol scria, se ocupa de corespondență, notam și eu câte ceva pe câte o filă de caiet, zile și nopți de oameni care se iubesc. Era 4 aprilie 1953, ne întorseserăm din oraș, unde luasem masa. Carol, ca de obicei, a mâncat languste și fructe de mare. Ascultam muzică și deodată am auzit un strigăt de durere. L-am văzut pe Carol ghemuit pe un fotoliu, strângându-și cu brațul partea stângă a pieptului. N-am știut ce să fac, de disperare, înlemnisem. Carol se uita neputincios la mine și mi-a șoptit calm: *Cheamă un doctor!*", relatează Duduia.

Când a sosit medicul, acesta însă, s-a ocupat de Lu-
peasca, în loc să vadă ce are Carol. Iar asta s-a întâmplat
chiar la îndemnul lui Carol. „Când a sosit doctorul, du-
rerea din piept şi din braţul stâng îi trecuse. Eu, însă, tre-
muram. Carol i-a spus zâmbind doctorului: *Vezi ce are
Duduia, s-a speriat rău!*. În timp ce doctorul mă consulta
pe mine, am auzit iarăşi un strigăt de durere. Carol îşi
dăduse duhul. Zăcea prăbuşit în fotoliu, cu ochii larg
deschişi, minunaţii lui ochi albaştri, acum fără strălucirea
vieţii. Doctorul încerca să-l readucă la viaţă, în timp ce eu
umblam disperată. Pe neaşteptate, Carol mă lăsase sin-
gură. Mi-amintesc cum îngenuncheată lângă trupul lui
încă cald, îi reproşam ca o smintită: *Nu mă trăda, dragos-
tea mea! Nu mă lăsa singură!*".

Elena Lupescu scrie că, timp de câteva zile, s-a simţit
pe altă lume, dar grija pentru imagine n-a părăsit-o: „Parcă
înnebunisem. Am avut, însă, grijă ca şi după moarte,
Carol să arate bine, l-am îmbrăcat într-un costum închis
în dungi, trupul său a stat câteva zile expus în salonul vilei".

Carol al II-lea a fost înmormântat în capela regilor
portughezi (cu care se înrudea) – Pantheon-ul casei de
Braganza din Mănăstirea São Vicente de Fora din Lisa-
bona. Fiul său legitim Mihai nu a venit să-l vadă nici pe
ultimul drum. Duduia notează amărăciunea alintându-l
„Mihăiţă" pe acela căruia-i dezbinase familia: „Mihăiţă n-a
venit să-şi vadă pentru ultima data tatăl, nici la înmor-
mântare n-a participat. Din întreaga familie regală, doar
Prinţul Nicolae a participat. Dar tot neîmpăcat cu fratele
său mai mare era. Nu mi-a spus nicio vorbă de compa-
siune, dar printre dinţi mi-a clarificat: *Nu mă împac cu*

Carol nici după moarte, dar sunt dator să vin la înmormântarea sa. L-am urât dintotdeauna, dar a fost fratele meu și regele meu!".

Elena Lupescu i-a întors spatele Principelui Nicolae, care-i purtase ranchiună lui Carol pentru pedeapsa primită, în fond, pentru aceeași greșeală făcută: se îndrăgostiseră de femei de rând, sub statutul cuvenit unei partenere monarhiste. Culmea, Carol al Duduii fusese cel care-l judecase cel mai aspru pe Nicolae pentru amorul înflăcărat care-l lega de Ioana Doletti-Dumitrescu, o doamnă măritată din Buzău, cu care s-a și căsătorit până la urmă, renunțând la succesiunea la tron. Nicolae îl ura pe Carol și mai ales o ura pe Duduia care-l făcuse să aibă un comportament duplicitar. La înmormântarea lui Carol au participat „multe foste capete încoronate ale Europei, prinți, și oameni importanți din toată Europa și chiar din America". Guvernul României, condus de Gheorghe Gheorghiu-Dej, n-a trimis niciun reprezentant. Strângând la piept o șuviță din părul lui Carol, Elena Lupescu a făcut o ultimă scenă spunând c-a fost „aproape de leșin", a strigat că vrea să moară și să fie îngropată odată cu el: „Cine sunt eu fără Carol? Pur și simplu Elena Lupescu, o femeie al cărui trecut și present sunt îngropate alături de omul-rege pe care l-a iubit dincolo de limitele omenești. Cine sunt eu fără el? O simplă femeie nefericită, care i-a stricat viața și a stricat viața României. Iubitul meu, dragostea mea infinită, unde ești să mă aperi?".

Elena Lupescu a trăit încă 24 ani, murind la 28 iunie 1977. Și-a găsit loc tot în panteonul regal din Lisabona. La 13 februarie 2003, sicriele lor au fost aduse în țară, la

Curtea de Argeş, unde Carol al II-lea se odihneşte la mă-
năstirea domnească, iar Duduia – în curtea unei biseri-
cuţe de lemn din apropiere.

Cu niciunul dintre fiii săi, Carol Mircea Lambrino
(rodul dragostei cu Ioana Zizi Lambrino, prima soţie,
nerecunoscută oficial) şi Mihai (moştenitorul la tron),
Carol al II-lea n-a avut relaţii bune. Primul, Carol Mircea
Lambrino, a vrut să-şi vadă o dată tatăl şi a apărut nein-
vitat la vila Mar y Sol de la Estoril. Secretarul particular
al lui Carol, Ernest Urdăreanu, l-a gonit de la uşă: „Fugi
de-aici, Majestatea Sa Carol al II-lea nu are decât un fiu,
pe Regele Mihai şi acela e acum la Bucureşti!".

„Cu Mihăiţă, stabilit în Elveţia, Carol nu se vede, doar
felicitări prin poştă de zilele onomastice. Nici când Mihăiţă
l-a făcut bunic, Carol n-a fost invitat. Carol suferă şi speră
să spargă odată răceala de gheaţă a lui Mihăiţă. El explică
că totul se datorează Reginei Elena, care aşa l-a educat încă
de mic pe Mihăiţă, să fie distant cu Carol. Cât timp a fost
lângă el, Mihăiţă era altfel, dar după plecarea sa din Româ-
nia a crescut sub influenţa nocivă a Reginei", nota Elena
Lupescu în *Memoriile* sale, publicate la Editura Teşu.

Croaziere erotice și alte întâmplări dintr-un film interzis minorilor

Conform mai multor surse documentare, Carol nu s-a dat în lături de la aventuri erotice nici în străinatate, în faimoasa sa călătorie în jurul lumii, după despărțirea forțată de Ioana Lambrino. Peripețiile sale în India, Ceylon, Birmania, China, Japonia, Hawai, îl făcuseră un precursor al turismului sexual practicat în prezent de europeni.

După unele rapoarte ale Foreign Office-ului, la curtea regală românească domnea „o nesățioasă patimă pentru destrăbălarea fără cumpăt". Un bărbat considerat nesățios din punct de vedere sexual, Carol era considerat „craiul" dintr-un poligon mărginit de trei femei frumoase: Elena Lupescu – amanta oficială, Livia Auschnit (soția magnatului Max Auschnit) – vampa, și domnișoara Malaxa – fecioara. Toți patru pe elegantul iaht „Luceafarul", care avea să fie scena unor pasiuni amoroase dezlănțuite. Însemnările scriitorului Petre Pandrea (Magazin istoric, mai 2002) evocă un episod din viața lui Carol al II-lea, care ar fi putut fi subiectul unui film interzis minorilor. Personajele centrale ale epocii 1930-1940 erau Elena Lupescu și Nicolae Malaxa (soția sa era încuscrită cu nepotul Elenei Lupescu), magnatul industriei românești între cele Două Războaie Mondiale. Reușita afacerilor lui Malaxa se baza și pe strânsa prietenie „de afaceri" legată de cuplul Carol-Elena Lupescu. Industriașul își detesta soția, considerând-o frivolă, dar aceasta nu l-a împiedicat, prin 1937, să-și trimită fiica, de 17 ani, în croazieră de la Constanța la Istanbul, pe „Luceafarul", în compania selectă menționată. Conform memoriilor lui Pandrea, „fecioara" nu a rezistat avansurilor lui Carol, care, la rândul lui, nu a ratat șansa de a deveni primul bărbat din viața ei. Livia Auschnit nu putea asista, neputincioasă, la balansul lui Carol dintre proaspăta deflorată și vechea amantă. Ea a considerat croaziera momentul propice pentru a „i-l sufla" pe Carol Elenei Lupescu. Cele două mai aveau un obiect comun al pasiunii, în persoana lui Ernest Urdăreanu, ministru al Curții Regale. Astfel, totul s-a încheiat cu un scandal între cele două dame, nu pentru Carol, ci pentru Urdăreanu! Cu ce s-a ales după „croaziera sexului" domnișoara Malaxa? Cu onoarea reparată de un soț tânăr – medic sărac –, devenit mai târziu o somitate în domeniu, care a vindecat-o de amintirea „taurului regal".

Una dintre cele mai importante figuri ale cinematografiei americane, regizorul D.W.Griffith (1880-1948; printre filmele regizate de el se numără și *Nașterea unei națiuni*, peliculă considerată istorică în SUA), își dorea foarte mult să ecranizeze viaţa Ioanei Lambrino (de stirpe fanariotă, intrată în istoria scandaloasa a României sub numele de „Zizi") – prima iubită a regelui, imediat după ce o ecranizase pe cea a preşedintelui Abraham Lincoln. Carol urma să aibă un rol principal, dar, fatalitate! După ce meticulosul regizor a efectuat o documentare profundă privind viaţa aventuroasă a lui Carol, a renunţat. Gurile rele, incitate şi de condeiul înţepător al presei, spuneau că Griffith n-ar fi putut introduce în scenariu aventura Prinţului cu nevasta unui şef de gară, „idilă" în urma căreia ar fi venit pe lume doi copii – conform mărturisirilor fostului prim-ministru Marghiloman. Sau alte orgii, prea şocante pentru America puritană de atunci. Astfel, proasta reputaţie a lui Carol al II-lea a distrus şansa unică a dinastiei române de... a rămâne în istoria cinematografiei. (*http://evz.ro*)

Vasul „Luceafărul" (fost „Nahlin") a purtat prin Balcani amoruri interzise. Pe puntea lui au călcat personaje faimoase ale istoriei, iar în cabinele sale luxoase şi-au ascuns dragostea doi regi ale căror iubiri au scandalizat lumea: Regele Edward al VIII-lea şi americanca Wallis Simpson, Regele Carol al II-lea şi „Duduia" Elena Lupescu. Pentru România, vasul de tezaur a rămas doar o machetă în expoziţia Muzeului Militar de Marină din Constanţa, singurul de acest gen din ţară. Iahtul „Libertatea" (fost „Luceafărul", fost „Nahlin") navighează acum prin lume, vândut de statul român în anii '90 la un preţ de nimic. Iahtul Nahlin a aparţinut unei bogate moştenitoare engleze, Lady Annie Henrietta Yule (1874-1950), care şi-a dorit trei ambarcaţiuni cu care să colinde lumea. În anul

1930, al doilea vas construit pentru doamna din înalta societate era proiectat de compania G.L. Watson & Co din Glasgow și era executat de compania John Brown & Co. Ltd din Clydebank. Iahtul botezat „Nahlin" (însemnând „iute de picior" în indo-americană sau „nava-amiral" după Institutul Național al Patrimoniului) avea 1.574 tone, fiind propulsat de turbine și elice. „Nahlin" era unul dintre cele mai mari iahturi de plăcere construite vreodată în Anglia. Pe el a călătorit în 1936 Regele Edward al VIII-lea împreună cu iubita sa Wallis Simpson, americanca pentru care moștenitorul Coroanei britanice a abdicat ca să poată deveni cel de-al treilea ei soț. În timpul celei mai scurte domnii britanice (ianuarie-decembrie 1936), monarhul a căutat refugiul pe vasul „Nahlin". Cei doi și câțiva prieteni foarte apropiați au călătorit în sudul Europei la bordul iahtului „Nahlin". Acesta a fost trăgaciul care a declanșat în Anglia criza constituțională. Fermecat de Simpson, Edward o ceruse în căsătorie, încălcând toate rigorile monarhiei, care nu puteau accepta pe tron o femeie divorțată de două ori, ai căror soți erau în viață. „Regele-playboy" a ales să renunțe la coroană pentru a fi liber cu Wallis. Recent, un album cu fotografii rare din celebra vacanță mediteraneană din 1936 a fost scos la vânzare, revelând un cuplu care se distra la soare în compania suitei, în timp ce Anglia și restul lumii erau puse pe jar.

Un an mai târziu, cel mai vânat iaht din lume ajunge în proprietatea Regelui Carol al II-lea al României, în schimbul sumei de 120.000 de lire. Cuplurile se schimbă, dar coroana rămâne, petrecerile – asemenea, rămâne și amanta interzisă în persoana „Duduii", Elena Lupescu. În anul 1938, Regele Carol al II-lea pleacă la bordul vasului în Marea Neagră, împreună cu metresa sa şi câţiva apropiaţi: Ernest Urdăreanu, doctorul Mamulea şi colonelul Stavăr. La 11 iunie 1938, este consemnată prima călătorie incognito a Regelui pe vasul rebotezat „Luceafărul". „Mă simt atât de fericit. Împlinirea acestui vis de ani, de a avea un yaht al meu, cu care să navig în libertate şi mai presus de asta, de a avea şi admira toate aceste frumuseţi cu tine, iubita mea. Aceste trei ceasuri şi mai bine petrecute în Bosfor au fost pentru mine, care din cauza atât evenimente şi griji, am pierdut mult din entuziasmul meu, un adevărat reviriment al sufletului şi fiinţei", scria Carol al II-lea la 12 iunie 1938 în jurnalul său. Avea să revină în câteva zile în Bosfor, iar duminică, 19 iunie 1938, urca la bordul celui mai mare iaht din lume, „Savarona", care aparţinea preşedintelui turc Mustafa Kemal Atatürk pentru a discuta despre alianţele din Balcani. Ca un amănunt, iahtul „Savarona" se află şi acum în proprietatea Turciei, fiind vasul prezidenţial. „După o oră foarte agreabilă de conversaţie, Carol al II-lea părăsea cel mai mare yaht din lume şi se delecta cu o nouă rundă de vizite în fermecătorul Stambul. Seara, ultima în oraşul de pe Bosfor, Suveranul lua masa cu primul-ministru Celal Bayar, cu ministrul de Externe Tevfik Rustu Aras şi şeful său de cabinet Zeki Polar, cu Nicolae Lukasiewicz, consulul general al României la Istanbul. Prezenţa insolită de la masă a fost Duduia, pentru prima dată scoasă în lumea simandicoasă, ceea ce era un real motiv de bucurie pentru Rege. S-a discutat politică şi economie, iar la plecare, gazdele îşi exprimau gratitudinea faţă de înalţii oaspeţi şi comunicau din partea preşedintelui Atatürk, că o dată refăcut, acesta va întoarce vizita, la Constanţa", descrie istoricul Daniel Citirigă de la Universitatea Ovidius din Constanţa.

Asemenea autorităţilor britanice în cazul Edward-Wallis, autorităţile turce au reuşit să blocheze publicarea oricăror informaţii în presă până la plecarea suveranului român. Vizita s-a dorit incognito, iar agenţii Siguranţei s-au dus la fiecare director de ziar (la unii şi la ora 3 dimineaţa) pentru a opri anunţarea sosirii Majestăţii Sale Carol al II-lea. Reacţiile au apărut după. „Ştiam de Constanţa că este un port apropiat de Istanbul. Aveam de asemenea conştiinţa apropierii morale dintre cele două popoare. Relaţia personală dintre preşedintele Atatürk şi Regele Carol al II-lea nu este decât o garanţie preţioasă pentru pace nu doar în Balcani, ci în lumea întreagă", scriau jurnaliştii turci ai vremii, citaţi în cartea *Diplomaţia Coroanei. Casa Regală a României în Europa Centrală şi de Sud-Est în perioada interbelică* a istoricului Daniel Citirigă.

La 18 octombrie 1938, „Luceafărul" găzduieşte la Galaţi o întâlnire între Suveran, ministrul polonez de Externe şi omologul său român. Vizita de la Constanţa promisă de Atatürk nu s-a mai concretizat, pentru că la 10 noiembrie 1938, Mustafa Kemal Atatürk înceta din viaţă. Suveranul României planifică o nouă călătorie (şi ultima), tot „incognito" în Turcia, pentru a discuta cu noul preşedinte Ismet Inonu. Avea loc în vara următoare, la 11 august 1939, când Regele României poposea, în timpul unei croaziere care includea insulele greceşti, la Palatul

Califilor pentru întrevederea cu succesorul lui Atatürk. „În memoriile sale, Carol al II-lea avea să spună că turcii sunt de părerea noastră, că mai bine ca Bulgaria să ne fie dușmană, decât să avem între noi acești dubioși. Nicio cedare teritorială nu ar fi fost utilă, deoarece «orișice petec ce s-ar ceda, ar întări obrăznicia bulgară». La plecare, președintele Inonu îl conducea pe Regele Carol la yaht, garantându-i că dacă România va fi atacată, Turcia va interveni imediat în ajutor", relatează istoricul Daniel Citirigă.

La un an de la vacanța sa de lucru, Regele Carol al II-lea renunța la tronul României. Contextul politic era tulbure: anul 1940 aducea capitularea Franței, aliatul tradițional al României, care rămânea izolată între puteri ostile. Uniunea Sovietică anexează Basarabia și Bucovina de Nord, în iunie 1940, iar la 30 august 1940, Dictatul de la Viena îi impune României să cedeze Ungariei aproape jumătate din Transilvania (44.000 kilometri pătrați). În septembrie, Bulgaria ocupă Cadrilaterul. În doar câteva luni, România pierdea, astfel, o treime din teritoriu. „În fața tensiunilor tot mai mari din viața românească, ca urmare a situației explozive din Europa și a propriilor erori" (după cum consemnează Casa Regală a României), Regele Carol al II-lea renunță la tron la 6 septembrie 1940 și pleacă în exil, acolo unde s-a căsătorit cu Lupeasca, după șapte ani.

Vasul a supraviețuit comunismului, fiind tras la cheiul Portului Galați, unde devenise „Libertatea", restaurant plutitor pe Dunăre. În anul 1988, englezii, printr-un colecționar pe nume William Collier, susținut de brokerul Nicholas Edmiston, i-au luat urma și au convins autoritățile romane să îl vândă 11 ani mai târziu. Prețul a fost de 265.000 de dolari. Iahtul considerat exemplul suprem de eleganță a fost recondiționat în timpul unui program care a durat șase ani. În vara lui 2010, vasul intra din nou în portul Dartmouth, pe propriile puteri, pentru prima oară de când părăsise Anglia pentru România. Era apogeul celui mai complex program de restaurare a unui vas, făcut sub supravegherea aceluiași constructor din 1930. Acum navighează sub pavilion britanic, „Nahlin" fiind înregistrat ca odinioară în portul Glasgow. Iahtul „Nahlin" și-a recăpătat strălucirea și a ajuns din nou în topul celor mai luxoase ambarcațiuni de plăcere din lume. (*www. adevarul.ro*)

Gustul cuplului Carol-Lupeasca pentru lucruri scumpe, precum yachtul fostului suveran britanic, nu mai constituia, de multă vreme, o noutate. Precum legendarul Rege Midas, Carol al II-lea transforma totul în aur. Sau, în termenii economiei moderne, în acțiuni, proprietăți și valută.

La excluderea sa din Casa Regală, veniturile Prințului i-ar fi permis o viață de huzur. La 11 februarie 1926, Carol Caraiman – nume luat de Principe după renunțarea la calitatea de Principe Moștenitor – deținea acțiuni și titluri la întreprinderi industriale și financiare precum Banca Generală a Țării Românești, Banca Românească, Steaua Română, Reșița și Creditul Minierul, evaluate la aproape 7 milioane de lei. Deținea de asemenea și moșia Mânăstirea, de lîngă Oltenița, moștenire primită de la tatăl său. Din administrarea moșiei îi reveneau lunar câte 20.000 de franci francezi, iar spre sfârșitul anului chiar dublu. Bani destui pentru o viață tihnită alături de „Duduia"!

Însă, după întronarea sa, „veniturile" Regelui Carol au crescut spectaculos. Cu ajutorul unor oameni de încredere, precum Puiu și Costică Dumitrescu, Ernest Urdăreanu, Felix Wieder, Gabriel Marinescu, Richard Franasovici, Traian Grigorescu, Carol al II-lea a controlat numeroase societăți comerciale și bănci. Prin cadouri și donații, industriașii Malaxa și Max Auschnitt au sporit și ei averile cuplului Carol – Elena Lupescu. Câteva dintre afacerile Regelui au rămas proverbiale, prin lipsa de scrupule și ingeniozitatea financiară! De pildă, în 1931, armata română a fost nevoită să cumpere la ordin batiste imprimate cu chipul Regelui. „Batistele patriotice" aduceau Suveranului drepturi din reclamă și popularitate printre ofițeri și trupe.

Falimentul Băncii Marmorosch-Blank a scos la iveală alte nereguli în care era implicat Regele. În 1930, banca a fost descoperită cu un deficit de 1,6 milioane de lei, fiind în imposibilitate de plată. Carol al II-lea, care se pare că deținea și acțiuni la Marmorosch-Blank, s-a implicat personal în salvarea societății. La sugestia sa, Administrația Bucureștiului i-a cumpărat bancherului Blank un teren din comuna Otopeni pentru 500 de milioane de lei. De asemenea, lui Blank i s-a concesionat loteria și monopolul alcoolului. Alte afaceri se făceau prin intermediul Băncii Române de Credit, care primea comenzi de la stat și realiza profituri imense în domeniul apărării și căilor ferate.

Pentru a-i intra în grații, reprezentanți ai instituțiilor statului (Guvernul, CFR, Casa Militară, Banca Națională a României) obișnuiau să-l cadorisească pe Rege cu sume de bani (pentru „opere sociale", desigur!), acțiuni, valori, proprietăți, terenuri și obiecte de valoare. Toate de la buget! A primit acțiuni fără plată la numeroase societăți, precum „Lujeni", „Société Financière Textile pour la France et l'Étranger", „Astra Vagoane". Scutirile de taxe la importul de automobile și produse petroliere aduceau venituri frumoase Casei Regale.

Timp de zece ani, Regele a girat și pus la cale numeroase afaceri. Ce s-a întâmplat în momentul abdicării din 1940 cu fabuloasa avere pe care contemporanii erau convinși că o strînsese? Despre condițiile în care a părăsit țara Carol al II-lea au relatat doi apropiați ai acestuia, Mihail Manoilescu (ministru de Externe) și Eugeniu Buhman (șeful secretariatului personal). Potrivit lui Manoilescu, Regele ar fi condiționat abdicarea de plata unei rente anuale de 20.000.000 de lei în valută și garantarea averii. Generalul Ion Antonescu a fost de acord, însărcinîndu-l pe diplomat cu redactarea a două scrisori oficiale. Manoilescu a compus un act prin care garanta doar bunurile imobiliare ale fostului Rege (moșia de la Mânăstirea și altele câteva neînsemnate). Ernest Urdăreanu, care a „verificat" angajamentele lui Antonescu, nu a sesizat „chichița". Despre plecarea Regelui Carol al II-lea și-a notat în jurnal și Eugeniu Buhman. „Regele Carol pleacă la noapte cu un tren special din gara Mogoșoaia", scria secretarul particular. „Doamna Lupescu se află deja de cîteva zile la Palat, unde au fost aduse lucrurile ei mai de preț. S-a pus în lăzi frumoasa și bogata colecție de timbre a Regelui, ceea ce pentru mine constituie dovada că Regele privește plecarea sa ca definitivă."

Imediat după abdicarea Suveranului, generalul Anto-
nescu a instituit o comisie pentru anchetarea averii lui
Carol al II-lea, la fel cum vor face comuniştii în 1948,
după plecarea lui Mihai I. În timpul celor două luni de
anchetă au fost audiaţi Malaxa, Auschnitt, Ion Rădulescu
(administratorul bunurilor private ale fostului suveran),
Radu Lobei (fost director de cabinet al lui Armand Căli-
nescu), Dem. Dobrescu (primarul general al Capitalei),
foşti miniştri, deputaţi, industriaşi, înalţi funcţionari de
stat. „Fostul suveran mi-a cerut să-i dau la Snagov 500 de
pogoane de pădure. (...) I-am răspuns că 100 de pogoane
pot să-i dau. Fostul suveran m-a întrebat dacă îi fac act;
i-am răspuns că nu e bine să fie act, căci s-ar afla imediat.
Am dat cele 100 de pogoane" mărturisea, de pildă, Dem.
I. Dobrescu, primarul general al Bucureştilor din peri-
oada 1929-1934, la ancheta din 1941.După coroborarea
depoziţiilor şi verificarea documentaţiei s-au contabilizat
daunele. Comisia a stabilit ca statul român să fie despă-
gubit din proprietăţile lui Carol cu 1,161 miliarde de lei.
„Fără îndoială, nu se poate afirma că statul a obţinut o
reparaţie integrală a pagubelor suferite", scria în raportul
comisiei. „Ceea ce s-a cerut şi ceea ce s-a dat constituie
numai drepturile pe care statul le-a putut reclama în te-
meiul unor probe indiscutabile."

Zilele onomastice şi sărbătorile oficiale constituiau
pentru supuşii Regelui un prilej de a se întrece în cadouri
şi „atenţii". Bunăoară, cu ocazia aniversării a 46 de pri-
măveri, Carol al II-lea a primit din partea guvernului un
Autoportret de Luchian şi din partea Băncii Naţionale o
hartă a României gravată pe placă de aur, cu o greutate de

Croaziere erotice şi alte întâmplări dintr-un film interzis minorilor

16 kg. Cu altă ocazie, de un 8 iunie (aniversarea Restaurației), Guvernul i-a dăruit picturile *Vedeta din 1877* de Grigorescu și *Cap de Crist* de El Greco, în vreme ce Banca Națională venea cu o plachetă masivă de aur de 12 kg. Printre cadourile „modeste" trimise cu acel prilej sărbătoritului, Societatea „Mica" i-a oferit minereuri de aur, Primăria Bucureștiului – o cupă de argint, generalul Ilcuș – un buzdugan de aur și generalul Dombrowski, primarul Capitalei, un *Portret al Țarului Nicolae I*.

Comisia care a anchetat averea lui Carol al II-lea a scos la iveală și numeroase modalități de fraudare a statului român. În 1940, în pivnițele regale din Palatul Cotroceni erau supuși procesului de fermentare 500 de litri de rachiu. După cum s-a aflat din anchetă, „coniacul" rezultat urma să fie vândut la magazinul de consum din Piața Victoriei nr. 95. Conform legilor, Administrația Casei Regale nu poseda autorizație pentru fabricarea de băuturi alcoolice.

„Dar din dar se face rai", spune o vorbă românească. Nu era și cazul Regelui Carol al II-lea, recunoscut printre servitori pentru zgârcenia sa. „Sărbătoarea pomului de Crăciun la Palatul Regal", nota Eugeniu Buhman în jurnal, la data de 25 decembrie 1936. „Regele împarte daruri întregului personal superior și inferior. (...) Este adevărat că suveranul nostru are mâna strânsă și că nu prea suferă de mare dărnicie. La recepții sau la serbări se limitau invitaților paharele cu șampanie sau numărul țigaretelor și, dacă ceri, din când în când, de la bucătărie o limonadă de lămâie, te pomenești la capul lunii cu socoteala limonăzilor băute!" (*http://jurnalul.ro*)

Despre nepotul său, Carol I ar fi spus cândva că era „un adevărat român, fiindcă înjură și face datorii". Adevărată sau nu, caracterizarea pusă pe seama primului Hohenzollern descins în România are un sâmbure de adevăr. Multe dintre trăsăturile pozitive de caracter ale rudelor sale germane i-au fost străine lui Carol al II-lea. Dintre membrii Casei Regale a fost primul născut pe teritoriul țării și botezat în religia ortodoxă. Lipsit de accentul german, caracteristic rudelor, a fost îndrăgit și receptat ca unul „de-ai noștri".

Nu i-au plăcut instrucțiile militare și disciplina cazonă. În schimb, s-a integrat repede în societatea românească, făcîndu-și numeroși prieteni și dușmani. Adeseori, încălcînd eticheta și rigorile Casei Regale, s-a aflat în compania ibovnicelor din popor.

Întronarea lui Carol al II-lea (1930) a schimbat fața dinastiei de Hohenzollern. Rigoarea, disciplina și rigiditatea tipică monarhilor Carol I și Ferdinand I au dispărut, tînărul Rege oferind iluzia unui suveran popular, dornic de reforme și implicat în politică. Reversul medaliei au fost deselerenunțări la tron, cheltuielile exorbitante (de multe ori din bugetul statului), apetența pentru lux și goana după cîștiguri.

La curte, Carol al II-lea a readus tare și obiceiuri din vremea domniilor fanariote. „Atențiile" și șperțurile pentru membrii dinastiei, de neconceput pe vremea lui Carol I și a lui Ferdinand I, au pătruns în anii '30 în protocolul neoficial al Casei Regale. Industriașii Nicolae Malaxa și Max Auschnitt făceau donații palatului, în numele susținerii „operei de binefacere" a Suveranului.

În 1931, cu ocazia aniversării unui an de la restaurație, cei doi magnați i-au oferit Regelui o servietă conținînd 100 de milioane de lei. Inginerul Malaxa a descris astfel „mituirea" în jurnalul său: „Mă așteptam să urmeze scena cea mare, cu darea noastră afară din palat. Dar nu s-a întâmplat nimic. Carol ne-a strâns mâna pe rând și apoi ne-a decorat. Seara, am jucat bridge împreună". Bărbat modern, Carol a investit câștigurile în automobile de lux, avioane și iahturi.

Primii monarhi români s-au ferit de intrigile politice dâmbovițene, preferând să păstreze distanța de lupta partidelor. Acesta fusese, de altfel, și motivul importării dinastiei de Hohenzollern în societatea românească! Contrar înaintașilor săi, Carol s-a implicat în fiecare decizie, depășindu-și de multe ori atribuțiile stipulate prin Constituție. Încă din adolescență manifesta aversiune împotriva lui Ionel Brătianu și a liberalilor. Mai târziu, ca Rege, a aplicat cu succes politica numită de romani „divide et impera", stârnind politicienii unii împotriva altora. A slăbit sistemul partidelor politice, până când a instaurat propria dictatură.

Trăind în „zodia Satanei", după cum a denumit el însuși anii '30, s-a molipsit de naționalism, conducere dictatorială, cultul personalității, saluturi fasciste și uniforme pompoase. Ca un veritabil precursor al naționalistului Nicolae Ceaușescu, a apelat cu succes la retorica patriotardă, speculând trecutul istoric. Țara strîns unită în jurul „Conducătorului iubit" era o lozincă patentată în timpul Regelui Carol al II-lea. Intelectualii au răspuns printre primii „chemării" suveranului! Scriitorul Cezar Petrescu

i-a dedicat pagini întregi „Măriei Sale Carol al II-lea, fă-
uritorul României veşnice". În volumul „Cei trei Regi",
literatul scria: „La o chemare de război se ridică toată
suflarea unui neam şi stă încordată pînă ce trece primej-
dia. Toţi se leapădă de grijile şi necazurile lor mărunte,
strînşi la o datorie mai mare, a tuturora".

Colaborator apropiat al Regelui Carol al II-lea, Mihail
Manoilescu a cunoscut alături de Rege şi binele şi răul.
A pledat pentru restauraţia din 1930, fiind arestat şi în-
chis pentru câteva luni. Mai târziu a denunţat matrapaz-
lâcurile financiare girate de Suveran, fiind îndepărtat din
camarila regală. În 1944, Manoilescu şi-a redactat me-
moriile, pagini întregi fiind dedicate lui Carol, pe care îl
descrie drept o personalitate contradictorie. „Am puţină
nădejde că se va putea dezlega vreodată, până în toate
ascunzişurile ei, enigma Carol, enigmă psihologică mai
mult decât istorică. Observatorii contemporani vor măr-
turisi sau cu totul împotriva lui Carol, înfăţişându-l ca pe
un demon; sau cu totul pentru dânsul, făcînd din el un
erou ce n-a fost înţeles. Vor avea dreptate şi unii şi ceilalţi.
Căci a fost şi demon şi erou; şi întruchipare a puterilor
întunericului şi arătare luminoasă, deschizătoare de zări
mai bune. Carol nu poate fi prins şi exprimat în formule
simpliste, ca un personaj de melodramă care întruchi-
pează sau tot răul sau tot binele."

Un alt colaborator, Constantin Argetoianu, a remar-
cat şi el distanţa dintre intenţii şi realizări în cazul Rege-
lui Carol al II-lea. „Carol s-a înapoiat în ţară şi s-a suit pe
tron cu dorinţa de a fi un mare Rege, de a reforma totul, de
a pune mâna la toate şi de a imprima pecetea «geniului»

său în toate ramurile activității noastre naționale. Din acest program, tânărul Rege n-a realizat decât schimbarea uniformelor și răscolirea decorațiunilor: a schimbat panglicile și lampasurile, a înființat o serie de medalii și ordine (...) și a creat doi mareșali." (*http://jurnalul.ro*)

„Carol nu poate fi înțeles dacă nu este judecat în același timp cu societatea românească, care l-a hulit sau l-a adulat, exagerându-i de atîtea ori scăderile sau trecîndu-i în sarcină propriile ei păcate!" conchidea Mihail Manoilescu în *Memorii*.

„Eu sunt un bun și loial patriot! Așa am fost mereu! Dorința mea cea mai fierbinte este să fiu de folos patriei mele, nu să provoc neliniști" declara Carol, din exilul autoasumat, în 1927...

Și, totuși,
un voievod al culturii!

Multe a promis al treilea Rege al românilor, dar angajamentul de-a patrona artele şi ştiinţele şi l-a ţinut. În România lui Carol al II-lea, existau „muncitorii cu duhul". Astfel erau numiţi metaforic scriitorii, artiştii, oamenii de cultură. Suveranul gusta din plin băile de mulţime şi manifestările zgomotoase. Iar spre „muncitorii cu duhul" a avut, se pare, o înclinaţie specială. I-a cultivat, le-a flatat orgoliul nemăsurat de artişti, le-a finanţat operele, şi-a deschis băierele pungii în faţa creatorilor, majoritatea sensibili peste poate la „ochiul dracului". „Vreau să fiu un Brîncoveanu al culturii româneşti", ar fi spus Carol în primul an al domniei sale, la deschiderea cursurilor Universităţii Populare de la Vălenii de Munte, iniţiată de profesorul său din tinereţe, istoricul Nicolae Iorga. „Îmi iau angajamentul să fiu şi un voievod al culturii româneşti."

Din vremea lui Carol I, Coroana a patronat ştiinţele şi artele prin mijlocirea Fundaţiilor Regale. În 1921, pe când era Principe Moştenitor, Carol a pus temelia Fundaţiei

Culturale Regale „Principele Carol", avînd ca scop difuzarea culturii la sate. În 1935, la congresul Căminelor Culturale, după deja cinci ani de domnie, Suveranul spunea: „Cultura, mai ales a păturii celei mari a ţărănimii, este o operă de închegare a tuturor nevoilor din viaţa de toate zilele. Prin culturalizarea satelor, eu văd răspîndirea cărţii, răspîndirea a tot ceea ce este frumos. Dar văd şi ridicarea păturii ţărăneşti la un trai mai bun, la o mai bună pricepere a nevoilor şi datoriilor fiecăruia." Pe cheltuiala Fundaţiei au fost trimise la sate Echipele Regale Studenţeşti. După model occidental s-au construit cămine culturale (peste 2.000 pînă în 1938). A apărut revista populară Albina şi s-a iniţiat colecţia „Cartea satului", care edita lucrări necesare bibliotecilor săteşti.

În 1933, apărea Fundaţia pentru Literatură şi Artă „Regele Carol II". La editura Fundaţiei, în diferite colecţii numite în epocă „biblioteci", s-au tipărit opere ale clasicilor literaturii române şi universale, scriitori consacraţi şi debutanţi. Bunăoară, în colecţia *Scriitori Români Vechi şi Moderni* s-au reeditat operele lui Mihai Eminescu, Ion Creangă, I.L. Caragiale, B.P. Hasdeu, Ion Heliade Rădulescu. Colecţia *Scriitori Români Contemporani* publica deopotrivă poezie, proză, critică literară. Într-o formă de lux au apărut ediţii de *Opere Complete* ale scriitorilor Tudor Arghezi, Mateiu Caragiale, Şt. O. Iosif, Ion Minulescu, Mihail Sadoveanu.

Aşezământul cultural patronat de Suveran a scos pe piaţă încă din primul an Revista Fundaţiilor Regale, unde au publicat toate numele mari ale literaturii acelor vremi. Sub acelaşi patronaj funcţiona şi Filarmonica

Română. În 1934, Suveranul a înființat Premiul pentru Literatură „Regele Carol al II-lea". Primii laureați au fost Tudor Arghezi și George Bacovia. Au urmat Gala Galaction, Ion Pillat, Gib Mihăescu (postum), Elena Farago, Adrian Maniu și Vasile Voiculescu. Tot din timpul lui Carol al II-lea datează și primele tentative de organizare a târgurilor și expozițiilor de carte. Intitulate inițial „Ziua cărții", în timpul dictaturii regale se ajunsese deja la „Luna cărții".

„O mare editură și o mare revistă, acesta este sprijinul cel mai efectiv care se putea aduce operelor", scria N.I. Herescu, președintele Societății Scriitorilor Români în 1940, întru preamărirea capului încoronat, și, mai ales, a „casetei regale" ce se deschidea cu generozitate. „Dar Regele n-a uitat nici pe oameni. Ce puteau dori mai fierbinte muncitorii cu duhul, decât să cucerească o lună pe an, de odihnă și de răcoare, în toiul verii? Dacă nu să obțină pe urmă, către amurgul vieții, liniștea unei bătrâneți curate și demne? Amândouă aceste năzuinți au fost înfăptuite mulțumită sufletului cald al Suveranului. De mai mulți ani, el a pus la dispoziția Societății Scriitorilor un cămin la poalele Caraimanului. E un frumos pavilion de piatră și lemn, așezat în inima Buștenilor, lângă pădure. Acolo, din iulie până în septembrie, Societatea trimite în fiecare an trei serii de scriitori, mai bătrâni și mai tineri, cu familii sau singuri. Scriitorii sunt găzduiți și ospătați pe cheltuiala Regelui, care plătește și întreținerea pavilionului, și masa locatarilor. Mâna de părinte a Regelui împarte scriitorilor lui, ca pe o bucată de pâine caldă, această scumpă, neprețuită fărâmă de liniște și aer,

Și, totuși, un voievod ab culturii!

la sfârșitul fiecărui an de muncă trudnică, unită, câteo-
dată, cu suferințe și înfrângeri. Odihna de aur, prețioasă
prin ea însăși, prețioasă prin inima din care pornește.
Regele a mai înzestrat pe scriitori cu o Casă de Pensii
care le asigură, după vârsta de 55 de ani sau și înainte,
dacă sunt loviți de năpasta vreunei infirmități, o existență
tihnită. Instituție epocală, de o măreață îndrăzneală, pe
care n-o putea înfăptui decât un Rege. Și nu oricare Rege,
ci numai unul cum este al nostru."

Societatea Scriitorilor, scrie mai departe Herescu,
își dorea un sediu propriu, în locul spațiului închiriat.
N.M. Condiescu, predecesorul lui Herescu la șefia SSR,
a alergat să ceară sprijinul Suveranului. „Ca răspuns, Re-
gele a dăruit numaidecît, în clipa următoare, pe loc, două
milioane. Gestul regal a impresionat și a dat de gîndit.
Câțiva înalți dregători s-au asociat și ei, milioanele au
început să se adune! Așa se face că Societatea Scriitorilor
are astăzi vreo opt milioane de lei cu care, dacă vremurile
vitrege nu se vor pune de-a curmezișul, va începe să
înalțe, chiar în vara aceasta, în București, Palatul Scrii-
torilor Români." Era vara lui 1940, când „vremurile vitrege"
chiar „s-au pus de-a curmezișul". România pierdea terito-
rii, iar Carol al II-lea, tronul. În vâltoarea evenimentelor,
cine să mai întrebe în ce buzunare s-au scurs milioanele
pentru Palatul Scriitorilor?

Nici ideea de a-l face pe șeful statului membru de
onoare al „înaltelor foruri" nu s-a născut în vremea lui
Ceaușescu. Drept recunoștință pentru generozitatea sa,
N.M. Condiescu i-a propus lui Carol să devină Înalt Pa-
tron al SSR. „Nu patron, ci membru activ!", ar fi răspuns

suveranul. „Ce ar fi putut să încunune mai frumos frun-
țile scriitorilor", spunea N.I. Herescu, președintele SSR
în iunie 1940, „decât faptul că suveranul lor s-a voit între
ei, lângă ei, camarad și prieten? Căci Carol al II-lea nu
este numai Regele Scriitorilor. El este, în aceeași măsură,
Regele Scriitor!" Nu conta că nici măcar nu-și încercase
harul literar!

„Cartea este acel negrăit motor de viață, acel îndem-
nător înspre fapte care, din mica copilărie până la adânci
bătrîneți, este un tovarăș nespus al omului. De la copilul
mic care răsfoiește, adesea rupându-le, foile, în care nu-l
atrag decît pozele, la tânărul adolescent care se îmbată
de ritmurile poeziei, până la omul matur, care citește ca
să-și întărească sufletul, este întreaga desfășurare a vieții",
spunea Carol al II-lea. (*http://jurnalul.ro/*)

În capitolul consacrat lui Carol al II-lea, din *Capcanele
istoriei. Elita intelectuală românească între 1930-1950*, is-
toricul Lucian Boia citează câteva dintre elogiile adresate
de intelectuali Majestății Sale. În opinia lui Felix Aderca,
„E primul care a ridicat glasul pentru apărarea sfântului
mister al libertății de creație. Au mai fost înaintea lui
Ludovic al XIV-lea și Frederic cel Mare, însă cel dintâi îi
folosea pe scriitori ca pe slujbașii săi, iar al doilea se în-
conjura de un cerc de prieteni scriitori. Carol al II-lea
însă are o adevărată politică culturală și prin aceasta se
ridică deasupra tuturor celorlalți suverani", arată Boia ce
clama Aderca. „Marele artist se refugiază acolo unde în-
cetează domnia gloatei; acolo unde spre educarea mulți-
mii domnește tradiția princiară", spune George Călinescu
și precizează că, în acest sens, Carol al II-lea „a făcut mai

mult decât oricare altul". (De altfel, capodopera lui Călinescu, *Istoria literaturii române de la origini până în prezent* a fost publicată în anul 1941 la Editura Fundațiilor Regale.)

Campionul nedisputat al elogiilor rămâne Camil Petrescu, consideră Boia, bizuindu-se pe următorul citat din autorul *Patului lui Procust*: „Totul e regesc în această excepțională personalitate care întrunește calitățile cele mai neașteptate în aceeași structură. Un măreț prestigiu fizic, o inteligență genială cu o putere de muncă fabuloasă, pe care o vădește din zori și până la miezul nopții. Nervi tari, o răbdare fără margini, luciditate, calm, atenție când supraveghează, dar și o putere de hotărâre fulgerătoare și sigură când e nevoie".

1939 este anul în care Carol al II-lea îi numește senatori pe D. Gusti, Lucian Blaga, Ion Agârbiceanu, I.Al. Brătescu-Voinești și Mihail Sadoveanu. Istoricul consideră că „încurajarea culturii rămâne probabil singurul capitol fără umbre în cariera regală" a lui Carol al II-lea. Boia se întreabă totodată dacă monarhul citea: „Regele Carol II a avut, aproape în egală măsură, mari calități și mari defecte. Motive pentru a fi admirat și hulit. Din păcate, domnia i s-a sfârșit prost, în condiții tragice pentru țară, așa că imaginea lui în posteritate a rămas mai curând defavorabilă. E drept până la un punct, dar nu întru totul drept. I-a semănat foarte bine mamei sale, Regina Maria, cu care de altfel nu s-a înțeles deloc. Ca și ea, era inteligent și avea darul unor raporturi firești cu oamenii; ca și ea, avea o înclinare autoritară și se lăsa ușor purtat de izbucniri pasionale. Doar că Maria nu a deținut niciodată

Puterea şi a beneficiat şi de şansa, oferită de război, de a pune pasiunea care clocotea în ea în slujba unui mare ideal naţional. Carol însă a avut Puterea şi a folosit-o aşa cum a crezut de cuviinţă, cu rezultate care în cele din urmă s-au dovedit dezastruoase. Încurajarea culturii rămâne probabil singurul capitol fără umbre în cariera lui regală a lui Carol al II-lea. A vrut să fie un Rege al culturii. Şi, lăsând la o parte tot ce a însemnat propagandă sau adulaţie, se poate spune că a reuşit. I-a ajutat pe «creatori» şi material, într-o anumită măsură, dar mai ales dându-le sentimentul că reprezintă ceva în societatea românească. Toate acestea, fără a le cere alinierea la vreo formulă ideologică sau literară. Regele citea? Poate, după unele mărturii. Mircea Eliade consemnează în *Memorii* (şi el, după spusele generalului Condiescu) că Regele «citise, pare-se, entuziasmat, *Maitreyi*». Potrivit lui Alexandru Rosetti, suveranul ar fi făcut «aprecieri elogioase» pentru «cartea distractivă» a lui G. Călinescu; dacă e vorba, cum se pare, de *Viaţa lui Mihai Eminescu*, am prefera ca Regele să n-o fi citit doar ca să se amuze copios... Oricum, dacă citea, îşi ascundea bine această îndeletnicire. În *Jurnalul* lui, destul de detaliat, nu apare nici un titlu de carte. Apar însă filme, nenumărate filme. Mai în fiecare seară i se proiecta câte unul (uneori, chiar două) şi Regele nu uita să-şi noteze impresiile, cu referire îndeosebi la jocul interpreţilor. Se mai relaxează cu colecţia lui de timbre şi, destul de des, jucând poker. Regele nu era totuşi un ignorant. Avea un fond de cultură şi se mişca fără dificultate pe teren intelectual. Avea şi intuiţia valorilor şi a tendinţelor (spre deosebire de mulţi academicieni, printre care

Şi, totuşi, un voievod al culturii!

şi fostul său profesor Nicolae Iorga). Mai presus însă de orice, îşi pusese în minte că domnia lui trebuie să fie şi o mare epocă culturală. (...) Despre cum se implica Regele în viaţa culturală şi în raporturile cu oamenii de cultură ne-a lăsat o mărturie pitorească sociologul Henri H. Stahl, elev şi colaborator apropiat al lui Dimitrie Gusti. «Îmi aduc aminte – spune el – când lucram la Muzeul Satului, venea să vadă cum merg lucrurile. Şi îi spuneam atuncea: am vrea să ne întindem şi în locul cutare, însă este aici un gard şi Dombrovschi, primarul, nu ne dă voie să-l dărâmăm. Vodă Carol a ridicat un picior, l-a pus pe gard şi l-a trântit pe pământ: *Să-i spui că eu l-am dărâmat!*». Ca orice anecdotă, chiar dacă n-ar fi întru totul autentică, defineşte un stil. Continuă Stahl: «Astea erau relaţiile pe care le aveai cu el. Foarte umane. Directe. Fără nici un fel de încercare de a face uz de prestigiul lui, erai colaborator cu el, aşa simţeai».

...O să-şi aducă aminte vântul
Cel ce-i ascultă gândul şi cuvântul,
Vântul acela, care de la cer,
L-a pogorât pe un vultur de fier."

Tudor Arghezi, versuri despre Carol al II-lea. (*http:// evz.ro*)

Cultul personalității...
înaintea lui Nicolae Ceaușescu

O componentă importantă a regimului autoritar instituit de Carol al II-lea au reprezentat-o manifestațiile aniversare, care, alături de elementele ce le alcătuiesc – parade, uniforme, saluturi specifice, discursuri, mulțimea de oameni adunați, uralele și aplauzele publicului – pun în practică conținutul cultului personalității, stabilind o legătură directă între *Conducător* și masele de admiratori, după cum remarcă într-un studiu al său istoricul Adrian Majuru, citat pe ediția online a revistei Historia. Manevrată cu ajutorul aparatului propagandistic și absorbită de acesta, mulțimea de admiratori devine elementul cel mai important în legitimarea oricărui regim autoritar.

În deceniul carlist manifestațiile grandioase aveau loc cu ocazia zilelor de 10 Mai, ziua Monarhiei, și 8 Iunie, ziua *Restaurației*. Parade militare și defilări erau organizate și în zilele de 24 ianuarie, 1 mai, 16 octombrie și 1 decembrie, dar de mai mică amploare decât în cazul celor dintâi.

Spre deosebire de 10 Mai, sărbătoarea de 8 Iunie este o creație a regimului lui Carol al II-lea. Pe data de 6 iunie, Carol Caraiman (numele luat de Principele Carol după renunțarea, în anii '20, la drepturile dinastice) se întoarce în România, iar două zile mai târziu este proclamat Rege de către Parlament. Pe durata domniei lui Carol al II-lea, 8 Iunie a simbolizat ziua *Restaurației*, prilej de sărbătoare pentru suveran. În deceniul carlist, ziua de 8 Iunie rivaliza cu cea de 10 Mai în ceea ce privește fastul cu care erau organizate.

Ziua *Restaurației* a fost sărbătorită pentru prima dată în 1931. După cum anunța ziarul Universul, „manifestațiile s-au desfășurat într-un cadru de tinerețe, de forță și de înălțare, care sporesc încrederea în virtuțile și în destinele neamului nostru". Aniversarea unui an de la *Restaurație* a început duminică, 7 iunie, printr-o manifestație la Ateneul Român, în care reprezentanți ai armatei, ai tineretului, dar și ai asociațiilor cetățenești au susținut, plini de entuziasm, discursuri vibrante dedicate „Augustului" sărbătorit. După o caldă apologie a Suveranului, a fost lansat un apel către toată suflarea românească: „să se unească în jurul tronului, pentru a cimenta indistructibil legătura dintre Tron și Țară".

Manifestațiile au continuat în ziua următoare la Palatul Regal, unde a avut loc o grandioasă defilare a trupelor. În dimineața zilei de 8 iunie, un număr mare de oameni s-a adunat să aclame pe suveran. Toți cei prezenți strigau: „Trăiască Măria Sa Regele Carol al II-lea!". Capitala era în sărbătoare. Străzile pline de oameni erau splendid împodobite cu drapele, flori și covoare. Sosirea suveranului a fost salutată cu ovații frenetice de mulțimea numeroasă ce aștepta în Piața Palatului parada. Regele, îmbrăcat în uniformă albă de amiral, a primit defilarea din poarta Palatului, nu din balcon, dând dovadă de respect pentru luptătorii de pe front ce mărșăluiau în fața sa, într-o perfectă ordine, pe acordurile fanfarei militare. Publicul numeros, impresionat de momentul solemn al manifestației și de discursul regelui, a rupt cordoanele și plin de entuziasm a venit să aclame îndelung pe Suveran. Manifestația a ținut până târziu, când Regele s-a întors în Palat.

Sărbătoarea a căpătat imediat o mare amploare. I. Atanasiu, președintele Uniunii Ofițerilor de Rezervă, a cerut ca data urcării pe tron a Regelui Carol al II-lea să fie desemnată „zi de seamă, alături de marile zile ale neamului nostru". Așadar, timp de zece ani, sărbătoarea *Restaurației* a reprezentat cel mai important eveniment al anului.

În fiecare an, serbările *Restaurației* au decurs într-o atmosferă de entuziasm, în prezența a mii de oameni, din toate colțurile țării, reprezentând toate straturile sociale. Astfel, adunările de pe Platoul Cotrocenilor, iar mai apoi cele de pe Stadionul ANEF, constituiau „o imensă expoziție națională de chipuri și cusături", fiind prezente toate culorile costumelor, din Oltenia și până în Moldova.

Aniversarea a cinci ani de la *Restaurație* a reprezentat prima manifestație la care a participat tineretul, în număr mare. Potrivit ziarului Adevărul, 25 000 de persoane, băieți și fete, au demonstrat în fața suveranului pe Platoul Cotrocenilor. Din acest moment, sărbătoarea *Restaurației* se adresează în special tinerilor, cei care reprezintă viitorul țării, „era nouă" instituită de Rege prin actul din februarie 1938.

Odată cu înființarea organizației Straja Țării, ziua de 8 Iunie își schimbă modul de organizare, dar nu și semnificația. Paradele militare desfășurate în fața Palatului Cotroceni sunt înlocuite cu evoluțiile „străjerilor" de pe stadionul ANEF: defilări, exerciții sportive și momente coregrafice. Principalul scop rămâne același: proslăvirea Suveranului și glorificarea faptelor acestuia.

Discursurile omagiale ținute în cinstea zilei *Restaurației* laudă meritele „Marelui Străjer" și realizările acestuia. Miile de spectatori veniți la stadion primesc cu entuziasm apariția Regelui prin aclamații nesfârșite. În momentul în care regele trece în revistă careurile de străjeri, aceștia, cu mână dreaptă ridicată spre cer salută pe Rege, strigând „Sănătate!". Exemplul lor este urmat de publicul spectator. După defilarea străjerilor pe categorii de vârstă, în ordinea gradului pe care îl dețin în organizație, au loc demonstrații ale diferitelor grupe. Fiecare demonstrație se încheie cu un exercițiu final, moment de mare atracție. În semn de omagiu pentru „marele cârmaci", tinerii scriau cu corpurile lor „Carol 2", după care se rearanjau astfel încât de sus, să se vadă monograma regelui. Un alt exercițiu al străjerilor era reprezentarea grafică a stemei Străjii Țării înconjurată de granițele României.

După terminarea demonstrațiilor, entuziasmul publicului nu cunoștea margini. Personajul principal este în continuare „Marele Străjer", obiectul unor ovații furtunoase, puternice, dar și nesfârșite. Înainte de încheierea ceremoniei, Carol al II-lea primește de la străjeri din toate provinciile româneşti snopi de grâu, jerbe de flori şi pământ, ce simbolizează rodnicia pământului şi unitatea naţională. Apoi, cicliştii îi aduc un ulcior cu apă de la Vadul Crişului, aceeaşi apă din care, însetat fiind, a băut Suveranul când a aterizat pe câmpia din localitatea respectivă în 1930.

Un alt moment important al manifestaţiei din 8 Iunie îl reprezenta „Urarea către Marele Străjer". În cor, toţi străjerii strigau: „Uraaa, uraaa, uraaa... / Toţi străjerii, Majestate, / Îţi urează sănătate!". După terminarea manifestaţiilor, Regele, adesea însoţit de Marele Voievod Mihai, părăseşte stadionul în uralele publicului. Multă lume se adună în jurul maşinii acestuia şi aclamă frenetic.

Serbările Restauraţiei din 1938 şi 1939 au fost aniversate cu mare fast. Stadionul ANEF era plin încă de la primele ore ale dimineţii cu oameni veniţi din toate colţurile ţării pentru a fi martori la defilarea propriilor copii, înregimentaţi în Straja Ţării. Carol al II-lea era încântat de modul în care se desfăşurau serbările. Nota în însemnările sale zilnice: „Pentru mine, de a vedea această întărire a mişcării de educaţie a tineretului, este o foarte, foarte mare mulţumire sufletească".

Prin aceste manifestaţii, simpatia românilor faţă de Carol a crescut. Amploarea şi fastul cu care aceste serbări erau aniversate, dar şi implicarea tot mai mare a aparatului propagandistic au crescut de la an la an, atingând apogeul în timpul dictaturii regale. În anii 1938-1940, Carol al II-lea a profitat din plin de manifestaţiile publice, cultivându-şi imaginea de „Salvator", „Rege al Renaşterii", „Voievod al Culturii" sau „Mare Străjer". *(www.historia.ro)*

Schimbarea la față a Bucureștilor

Domnia celui de-al treilea rege al României, Carol al II-lea (1930-1940), a însemnat un deceniu de autoritate monarhică marcat de aspecte luminoase (înflorire economică fără precedent, avânt cultural notabil) și de altele mai curând întunecate (acțiunile unei camarile corupte, începutul unei lungi crize politice, care a condus la instalarea totalitarismului în țara noastră).

A fost epoca în care, așa cum remarcă și ediția online a revistei Historia, Bucureștiul a cunoscut o vastă operă de amenajare urbanistică, cu precădere în zona de nord a Capitalei, când aria lacurilor și a Parcului Herăstrău – pe atunci „Parcul Național Carol al II-lea", unde, din grija profesorului Dimitrie Gusti, se năștea Muzeul Satului (1936) – au cunoscut grija specială a suveranului și a unor apropiați colaboratori (în primul rând a inginerului Nicolae Caranfil). Tot atunci, Institutul Urbanistic al României a pregătit proiectul niciodată realizat, al așa-numitului „Plan director de sistematizare" (1934), conceput de o

echipă de arhitecţi alcătuită din Duiliu Marcu, G.M.
Cantacuzino, Ionel Davidescu, Roger Bolomey.

Deşi în anii '30 ai secolului trecut, Bucureştiul s-a
îmbogăţit cu edificii moderne de stil internaţional de
tip Blockhaus pe câteva artere (bulevardele actuale
I.C. Brătianu, Gh. Magheru), teoretizările unor cunos-
cuţi arhitecţi se făceau pe marginea unui utopic „Stil Carol
al II-lea" niciodată închegat. Aceste teoretizări erau îndrep-
tate împotriva „falsului occidentalism", a unui „internaţio-
nalism deformant şi fără suflet", a „servilei pastişerii" a
stilului american – paradoxal, chiar a celui ce se întrupa
atunci în clădiri bucureştene –, reprezentând „goliciunea
aridă a unei geometrii simpliste care dezorientează jude-
cata" şi creează „o mentalitate de *heimatlos*" („apatrid").

Am citat până acum dintr-un memoriu către Academia
Română redactat în 1938 de un vestit arhitect, ultimul
reprezentant notoriu a ceea ce fusese stilul neoromânesc
ilustrat cândva de Mincu: este vorba de Petre Antonescu,
membru de onoare al Academiei Române (1936), rector
al Academiei de Arhitectură din Bucureşti, autor al unor
binecunoscute monumente ale Capitalei precum Arcul
de Triumf (1935-1936) şi Facultatea de Drept (1935),
singurul edificiu realizat din ceea ce Regele Carol al II-lea
voise să fie „Cetatea Universitară". Memoriul se intitula
„Pentru un stil Carol al II-lea în arhitectura românească"
şi era o apologie a vechii arhitecturi româneşti, a celei
populare – sursa de inspiraţie pentru „linia Mincu" –
care ar trebui să ducă la „biruinţa românismului integral
şi unitar" sub domnia „omului nou" care era Suveranul.
„Atunci vom avea de la un neam şi un domn, un stil – Stilul

Regele Carol al II-lea", scria Petre Antonescu, reluând aceleaşi idei, uneori cu aceleaşi cuvinte chiar, la o conferinţă la Academia Română, în 20 ianuarie 1939, intitulată „Pentru o renaştere a arhitecturii româneşti".

Într-o tonalitate apologetică proprie multor intelectuali ai epocii carliste, arhitectul academician spunea colegilor din ilustrul for: „Căci noi trebuie să ajungem la convingerea că Stilul Carol al II-lea, care va lua fiinţă în istoria artelor româneşti, nu va fi un stil de trei hotare pripăşit pe la noi, ci ramura cea mai frumoasă de trunchiul culturii româneşti... la noi, unde ideea naţională se contopeşte cu tradiţia nedespărţită a ideii monarhice, această epocală înfăptuire trebuie să revină spiritului providenţial adânc înţelegător şi dinamic, al adevăratului nostru om nou. Regele Carol al II-lea, care a vegheat şi a încurajat răbdător începuturile operei de curăţire şi îndreptare, iar când ceasul a sunat, el a pus pază spiritelor rele rătăcite ori greşite şi deslegându-ne, ne-a dăruit aşezământul nou pe care zilnic îl întăreşte şi-l organizează potrivit realităţilor şi aspiraţiilor româneşti".

Dacă acest ton encomiastic – care aminteşte generaţiei mele declaraţii ale unor arhitecţi din vremea în care se clădea Casa Poporului, acum trei decenii – putea fi îngăduit unui mare şef de şcoală, cu atât mai mult el nu putea fi imputat unui arhitect mai puţin celebru, dar onorabil. El era Ion D. Enescu, subsecretar de stat în guvernele Goga, Gigurtu şi Ion Antonescu, într-o conferinţă ţinută la Radio, în 19 martie 1939 (publicată în 1940) cu titlul „Arhitectura – Renaşterea naţională. Stilul Regele Carol al II-lea". Aici, după cuminţi şi cumpănite constatări („De

Schimbarea la faţă a Bucureştilor

la stâlpii de lemn frumos tăiați ai prispelor țărănești, până la coloanele vechilor Curți Domnești, vom regăsi firul specificului nostru național, spre a-l înnoda cu prezentul și a-l trece viitorului, îmbogățit cu contribuția artistică a generației noastre"), urmează gongorice proclamări ale solidarizării cu *Marele Îndrumător*: „Azi, sub impulsurile Marelui Îndrumător, Măria Sa Regele Carol al II-lea, re-luăm în toate și peste tot, firul de aur al continuității. Căutăm în trecut tot ceea ce a constituit putere de exis-tență, de rezistență și de crescândă dezvoltare a neamu-lui românesc, spre a trage și folosi învățămintele pentru viitor... Iată temeiurile artistice ale Renașterii Naționale în artă și mai ales în arhitectură. Cât privește celelalte temeiuri de ordin ideologic, arhitecții sunt recunoscători Marelui Arhitect al Restaurării și Renașterii Naționale, care a adunat într-un singur front toate energiile națiunii și care superveghează din postul de comandă supremă, înfăptuirea marei opere de ridicare a neamului românesc, la înălțimea cuvenită puterei sale de muncă și însușirilor cu care a fost dăruit de Dumnezeu".

Un an și jumătate după asemenea ditirambice prevesti-tiri, Carol al II-lea pleca definitiv în exil, iar stilul ce urma să-i poarte numele nu s-a închegat niciodată. Ni-l putem închipui, de se va fi întrupat, ca un amestec de moder-nism și paseism și iau drept posibil exemplu ceea ce notorii arhitecți și artiști au încercat să realizeze prin pavilionul românesc de la Expoziția Universală de la New York, din 1939, unde, a spus-o cândva academicia-nul Doicescu, Regele îi invita să se inspire din formele

Hurezilor (ceea ce s-a şi întâmplat în cazul mult frecventatului restaurant românesc...)

Ironia istoriei şi a istoriei culturii naţionale a făcut ca principalele edificii din epoca lui Carol al II-lea să fie, mai ales la Bucureşti, tocmai blocurile de tip american deloc prizate de amintiţii arhitecţi ce visau la un „stil regal". Ironia devine şi mai acută prin aceea că domnia carlistă este deschisă de Palatul Telefoanelor de pe Calea Victoriei, proiectat şi ridicat în perioada 1929-1934 de arhitecţii americani Louis Weeks şi Walter Froy.

Cei mai importanţi arhitecţi români şi cele mai importante clădiri interbelice sunt legaţi şi legate de domnia lui Carol al II-lea. Acum activează deja amintitul Duiliu Marcu – autor al clădirii Casei Autonome a Monopolurilor (C.A.M., 1936-1940), al Palatului Victoria (1937), al Bibliotecii Academiei (1937-1938), al Şcolii de Război (1939); Horia Creangă – uzinele Malaxa (1933), blocul Malaxa, blocul ARO din Capitală (1933-1935), hotelul ARO din Braşov, monumentul bucureştean „Kilometrul 0" (în colaborare cu Constantin Baraschi, 1938); Octav Doicescu – cartierul de locuinţe pentru Uzinele Comunale Bucureşti (U.C.B., în 1937-1938), uzina de la Colibaşi, Floreşti, Braşov, Fântâna „Mioriţa" dinspre Băneasa (în colaborare cu Miliţa Pătraşcu); G.M. Cantacuzino – cu hotelul Rex din Mamaia; Horia Teodoru care ridică „Sala Dalles" (1932); State Baloşin cu blocul Wilson (1933); P.Em. Miclescu, autor al sucursalei uzinelor „Ford" din cartierul Floreasca; Marcel Iancu cu blocul „Bazaltin" (1935); Anghel Culina cu hotel „Ambasador" (1937-1939).

Tot acum urbanismul bucureştean a fost punctat cu până azi remarcabile monumente de for public care, toate, ne lasă să pătrundem spiritul unei epoci sub specie stilistică, dar şi ideologică: statuia „Aviatorilor" de Lydia Kotzebue şi Iosif Fekete (1935), statuia „Spiru Haret" a lui Ion Jalea (1935), statuia „Mihail Kogălniceanu" de Oscar Han (1937) şi opera aceluiaşi artist reprezentând pe Constantin Brâncoveanu (1939). Se adaugă acestora dispărutele statui ale unor suverani (Carol I, Ferdinand), datorate sculptorului croat Ivan Meštrović, autor şi al statuii păstrate a lui Ion I.C. Brătianu (1937).

Nu a existat, de fapt, un „stil Regele Carol al II-lea", dar cu siguranţă a existat o epocă fastă a arhitecturii, mai mult, a culturii româneşti, care poate fi fixată în deceniul al patrulea al secolului XX. (*www.historia.ro*)

Acelaşi Nicolae Ceauşescu, inspirat de Carol al II-lea în domeniul retoricii patriotarde şi al „băilor de mulţime", avea să preia şi elanul edilitar al acestuia, ducându-l la consecinţe nebănuite, ce au culminat cu dărâmarea a cartiere întregi din centrul Bucureştiului, a bisericilor şi altor monumente, pentru „edificarea" Casei Poporului şi a ansamblului Victoria Socialismului, mutilând inclusiv arealul Pieţii Unirii pus la punct de predecesorul său...

Lămuriri bibliografice

Mulţumirile mele se îndreaptă, în primul rând, către colectivul **Anticariatului UNU**, Str. Academiei, 4-6, Bucureşti, care m-a ajutat cu profesionalism în activitatea de documentare, ca şi în cazul altor cărţi semnate de mine. (*www.anticariat-unu.ro*)

Se cuvine, de asemenea, să le mulţumesc colegilor din presă. Pentru a aduna materialul documentar necesar realizării acestui nou volum din seria de docu-drame şi mituri istorice dedicat familiei regale, am consultat colecţiile unor cunoscute publicaţii, precum şi arhivele lor online. Le rămân îndatorat colegilor de la Adevărul, Historia, Magazin Istoric, Descoperă, Formula As, Libertatea, Jurnalul Naţional, Evenimentul Zilei, Ziarul de Duminică, Click!, Cancan, precum şi celor de la Agenţia Mediafax.

Recunoştinţa mea îi vizează în egală măsura şi pe cei care gestionează resursele de pe internet ale site-urilor şi blogurilor:

www.activenews.ro
www.adevarul.ro

www.agerpres.ro

https://alba24.ro

www.aradon.ro

http://atelier.liternet.ro

www.biziday.ro

www.catavencii.ro

www.catchy.ro

www.centrul-cultural-pitesti.ro

www.contributors.ro

www.cotidianul.ro

https://cultural.bzi.ro

www.cunoastelumea.ro

www.curentul.info

www.descopera.ro

www.digi24.ro

www.doxologia.ro

http://enciclopediaromaniei.ro

http://europolitics.ro

www.evenimentulmuscelean.ro

http://evz.ro

www.familiaregala.ro

www.formula-as.ro

www.flux24.ro

www.gandul.info

www.historia.ro

www.hotnews.ro

www.istoria.md

www.istorie-pe-scurt.ro

https://istoriiregasite.wordpress.com

http://jurnalul.ro

www.monitorulexpres.ro
http://observator.tv
http://okmagazine.ro
http://povestidealtadata.blogspot.ro
www.promotor.ro
www.revistatimpul.ro
www.ring.ro
www.romanialibera.ro
www.stelian-tanase.ro
https://sylvaregina.wordpress.com
http://stiri.tvr.ro
www.universulargesean.ro
www.wowbiz.ro
www.zf.ro
http://ziarullumina.ro
www.ziarulmetropolis.ro

Lămuriri bibliografice

Foarte multe informații prețioase am cules din enciclopedia online Wikipedia (*https://ro.wikipedia.org/*).

Nefiind o lucrare științifică (vreo „teză de doctorat"!), nu am inclus note în subsolul paginilor în care să precizez data și locul unde au apărut fragmentele citate, ci doar am marcat preluările din presa scrisă și online cu ghilimele, spre a nu îngreuna/complica inutil lectura.

Am consultat și mai multe volume ce cuprind date și informații despre epopeea Casei Regale și alte întâmplări semnificative din epocă:

Alexe Anastasiu – *Dinastia regală și poporul român*, Institutul de Arte Grafice „Convorbiri Literare", București, 1924.

Constantin Argetoianu – *Însemnări zilnice*, Vol. I-X, Editura Machiavelli, București, 1998-2009.

Constantin Bacalbașa – *Bucureștii de altădată*, Ediția a II-a, Vol. I- 1871-1884, Vol. II – 1885-1901, Vol. III – 1901-1910, Vol. IV – 1910-1914, Editura Ziarului „Universul", București, 1935.

Gabriel Badea-Păun – *Carmen Sylva, uimitoarea regină Elisabeta a României (1843-1916)* – traducere din franceză de Irina-Margareta Nistor, București, Editura Humanitas, 2003; a doua ediție revăzută și adăugită, 2007; a treia ediție 2008, a patra ediție 2010.

Saint Aullaire Auguste Felix Charles de Beaupoil – *Confession d'un vieux diplomate*, Flamarion, Paris, 1953.

Constantin Beldie – *Memorii. Caleidoscopul unei jumătăți de veac în București (1900–1950) și alte pagini memoralistice*, Editura Albatros, București, 2000.

George Bengescu – *Din viata Majestății sale Elisabeta, Regina României*, Editura Librariei Socec & Comp., București, 1906.

Marthe Bibesco – *Une victime royale, Ferdinand de Roumanie*, Les Amis d'Edouard, Paris, 1927. Ediție nouă – *Un sacrificiu regal. Ferdinand al României*, Editura Compania, București, 2000.

Valentina Bilcea, Angela Bilcea – *Dicționarul monumentelor și locurilor celebre din București*, Editura Meronia, București, 2009.

Victor Bilciurescu – *București și bucureșteni de ieri și de azi*, Editura Universul, 1945.

Dan-Silviu Boerescu – *Carmen Sylva – O artistă pe tron,*
un monument de sensibilitate, Editura Integral, Bucu-
rești, 2018.

Dan-Silviu Boerescu – *Carol I – Întemeietorul României
moderne. O biografie neconvențională,* Editura Integral,
București, 2018.

Dan-Silviu Boerescu – *Divele controversate ale Bucureș-
tilor,* Editura Integral, București, 2017.

Dan-Silviu Boerescu – *Ferdinand Întregitorul – Nașterea
României Mari,* Editura Integral, București, 2018.

Dan-Silviu Boerescu – *Iubirile pătimașe ale Casei Regale.
Regina Maria, Carol II, Prințul Nicolae,* Editura Integral,
București, 2017.

Dan-Silviu Boerescu – *Mihai I, un veac de singurătate în
slujba unei Românii suferinde,* Editura Integral, Bucu-
rești, 2017.

Dan-Silviu Boerescu – *Miracole și alte întâmplări incredibile
din istoria Capitalei,* Editura Integral, București, 2017.

Dan-Silviu Boerescu – *Născută să iubească: Maria – Cea
mai frumoasă Regină a României,* Editura Integral, Bucu-
rești, 2018.

Dan-Silviu Boerescu – *Petreceri extravagante în vechii Bu-
curești,* Editura Integral, București, 2017.

Dan-Silviu Boerescu – *Secretele palatelor Casei Regale și ale
locatarilor lor celebri,* Editura Integral, București, 2017.

Dan-Silviu Boerescu – *Ultimele clipe ale Regilor și Regi-
nelor României,* Editura Integral, București, 2017.

Lucian Boia – *Capcanele istoriei. Elita intelectuală româ-
nească între 1930-1950,* Editura Humanitas, Bucu-
rești, 2011.

Matthieu Boisdron – *La Roumanie des années trente. De l'avènement de Carol II au démembrement du royaume (1930-1940)*, Éditions Anovi, Chinon, 2007.

Vintilă Brătianu – *Crize de stat*, Editura Flacăra, București, 1913.

Eugeniu Arthur Buhman – *Patru decenii în slujba Casei Regale a României. Memorii 1898-1940*, Editura Sigma, București, 2006.

Ion Bulei – *Bunul nostru rege: Ferdinand*, Editura Meteor Press, București, 2017

Ion Bulei – *Lumea românească la 1900*, Editura Eminescu, București, 1984.

Carol I al României – *Jurnal*, volumul I, 1881–1887, Editura Polirom, Iași, 2007.

*** *Memoriile Regelui Carol I al României. De un martor ocular*, ediție de Stelian Neagoe, Editura Machiavelli, București, 1994.

Carol al II-lea, Regele României. Însemnări zilnice, 1937-1951, ediție îngrijită, note, glosar și indice de Viorica Moisiuc, Nicolae Rauș, cuvânt înainte de Ioan Scurtu. Editura Scripta, București, 1995-1997.

Guy des Cars – *Les Reines de Coeur de Roumanie*, Lafont, Paris, 1991.

Zoe Cămărășescu – *Amintiri*, Editura Ponte, București, 2011.

Nicolae Ciachir, Gheorghe Bercan – *Diplomația europeană în epoca modernă*, Editura Științifică și Enciclopedică, București, 1984.

Mircea Ciobanu – *Convorbiri cu Mihai I al României*, Editura Humanitas, București, 1991.

Mircea Ciobanu – *Nimic fără Dumnezeu. Noi convorbiri cu Mihai I al României*, Editura Humanitas, Bucureşti, 1992.

Daniel Citirigă – *Diplomaţia Coroanei.Casa Regală a României în Europa Centrală şi de Sud-Est în perioada interbelică*, Editura Academia Română, Centrul de Studii Transilvane, 2015.

Gabriel Constantinescu – *Şah la rege, declinul monarhiei române în secolul XX*, Editura Christiana, Bucureşti, 2007.

Mircea Constantinescu – *Cum îndemult Bucureştii petreceau*, Editura Albatros, Bucureşti, 1977.

Mircea Constantinescu – *După Bucureşti, potopul...*, Editura Biblioteca Bucureştilor, Bucureşti, 2001.

Neagu Cosma – *Culisele palatului regal*, Editura Globus, Bucureşti, 1998.

Corneliu Coposu – *File dintr-un jurnal interzis. 1936-1947, 1953, 1967-1983*, ediţie îngrijită de Doina Alexandru, Bucureşti, Editura Vremea, 2014.

Sorin Cristescu – *Carol I. Corespondenţa privată*, Editura Tritonic, Bucureşti, 2005.

Sorin Cristescu, *Carol al II-lea – Scrisori către părinţi*, Editura Tritonic, Bucureşti, 2015.

Sorin Cristescu – *Scrisorile Regelui Carol din arhiva de la Sigmaringen. 1878-1905*, Editura Paideia, Bucureşti, 2012.

Ion Cristoiu – *Adevărata moarte a lui Carol al II-lea*, Editura Adevărul, Bucureşti, 2011.

Cella Delavrancea – *Dintr-un secol de viaţă*, Editura Eminescu, Bucureşti, 1987.

Ștefania Dinu (Ciubotariu) – *Viața cotidiană la curtea regală a României (1914-1947)*, Editura Cartex, București, 2012.

Victoria Dragu-Dimitriu – *Povești ale doamnelor din București*, Editura Vremea, București, 2004.

I.G. Duca – *Portrete și amintiri*, Editura Cartea Românească, București, 1932. Ediție nouă la Editura Humanitas, București, 1990.

Petru Dumitriu – *Cronică de familie*, Vol. I-III, ESPLA (Editura de Stat pentru Literatură și Artă), București, 1957.

Elisabeth, Queen of Roumania – *From Memory's Shrine: The Reminiscences of a Romanian Queen*

Elisabeth, Queen of Roumania – *Letters and Poems of Queen Elizabeth (Carmen Sylva)*, 2 vols., Bibliophile Society of Boston, 1920.

N. Filipescu – *Pentru România Mare. Cuvântări din război. 1914-1916*, Editura Epopeea Neamului, București, 1925.

Henry W. Fisher – *The Great Balkan Intrigue* (Munsey's Magazine – October 1895)

Eleodor Focșeneanu – *Istoria constituțională a României (1859-2003)*, ediția a III-a revăzută, Editura Humanitas, București, 1998.

Diana Fotescu – *Americans and Queen Marie of Romania*, Portland, Oxford, 1998.

Guy Gauthier – *Missy, reine de Roumanie*, France-Empire, Paris, 1994. Traducere în limba română la Editura Humanitas, București, 2008.

Vlad Georgescu – *Istoria românilor. De la origini pînă în zilele noastre*, ediția a III-a, Humanitas, București, 1992.

Keith Hitchins – *Scurtă istorie a României*, traducere de Lucia Popovici, Editura Polirom, Iași, 2015.

Keith Hitchins – *România: 1866-1947*. Ediția a IV-a. Traducere din engleză de George G. Potra și Delia Răzdolescu, Editura Humanitas, București, 2013.

Narcis Dorin Ion – *București. În căutarea Micului Paris*, Editura Tritonic, București, 2002 .

Narcis Dorin Ion – *București. Memoria unui oraș / Bucharest. Memory of a City*, ediție bilingvă română-engleză, traducere în limba engleză de Samuel Onn, Institutul Cultural Român, București, 2012.

Narcis Dorin Ion –*Palate din București*, Editura Noi Media Print, București, 2013.

Adrian-Silvan Ionescu – *Regina Maria și America*, Editura Noi Media Print, București, 2009.

Nicolae Iorga – *Ce ne este Dinastia?*, Institutul de Arte Grafice „Luceafărul", București, 1936.

Nicolae Iorga – *Memorii*, vol. I-VII, Editura Națională „Ciornei", București, 1931-1939.

Nicolae Iorga – *O viață de om. Așa cum a fost*, Editura N. Stroilă, București, 1934.

Nicolae Iorga – *Regele Ferdinand. Cu prilejul încoronării*, Editura Porțile Orientului, Iași, 1996.

Nicolae Iorga – *Supt trei regi*, f.ed., București, 1932.

Robert D. Kaplan – *Fantomele Balcanilor. O călătorie în istorie*, Editura Antet, București, 2007.

132   Mite Kremnitz – *Carmen Sylva. Eine Biographie*, Haberland, Leipzig, 1903.

Mite Kremnitz – *Regele Carol al României*, Editura Porţile Orientului, Iaşi, 1995.

Traian D. Lazăr – *Jurnalul Regelui Mihai I de România (1921-1940). Reconstituit după acte şi documente contemporane*, Editura Demiurg Plus, Iaşi, 2011.

Arthur Gould Lee – *Coroana contra secera şi ciocanul*, Editura Humanitas, Bucureşti, 1998.

Arthur Gould Lee – *Regina-mamă Elena a României*, Editura Humanitas, Bucureşti, 2011.

Paul Lindenberg – *Regele Carol I al României*, Editura Humanitas, Bucureşti, 2004.

Elena Lupescu – *M-au denumit jidoavca cu părul roşu. Memorii*, Editura Teşu, Bucureşti, 2013.

Adrian Majuru – *King Carol II and the Myth of "Eternal Romania"*, în *Identity and Destiny: Ideas and Ideology in Interwar Romania*, PLURAL Culture and civilization, Editor Erwin Kessler, Romanian Cultural Institute, Bucureşti, 2007.

Diana Mandache – *Later Chapters of My Life. The Lost Memoir of Queen Marie of Romania*, Sutton, 2004.

Diana Mandache – *Regina Maria a României. Capitole târzii din viaţa mea. Memorii redescoperite*. Editura ALLFA, Bucureşti, 2011.

Olivia Manning – *Trilogia balcanică*, vol. I-III, Editura Nemira, Bucureşti, 2016.

Mihail Manoilescu – *Memorii,* Editura Enciclopedică, Bucureşti, 1991.

Principesa Moştenitoare Margareta, Principele Radu – *Susţine cu a ta mână Coroana Română*, Editura Curtea Veche, Bucureşti, 2016.

Alexandru Marghiloman – *Note politice 1897-1924*, vol. I-IV, Institutul de Arte Grafice „Eminescu", Bucureşti, 1927.

Maria, Regina României – *Însemnări zilnice*, vol. I-VII, Editura Albatros, Bucureşti, 1996-2013.

Maria, Regina României – *Povestea vieţii mele*, Editura Eminescu, Bucureşti, 1991.

Maria, Regina României – *Povestea vieţii mele*, Vol. I-III, Editura RAO, Bucureşti, 2013.

Maria, Regină a României – *Ţara mea*, Hodder & Stoughton, London, 1916

Philip Martineau – *Roumania and her Rulers (Marie of Romania)*, Stanley Paul, London, 1927.

Paul Morand – *Bucarest*, Editions du Plon, Paris, 1935. (Ediţie în limba română de Emanoil Marcu, Editura Humanitas, Bucureşti, 2015.)

Prinţul Nicolae de Hohenzollern – *În umbra coroanei României*, coord. Gheorghe Buzatu, Editura Moldova, Iaşi, 1991.

Aurora Nicolau – *Mese simandicoase şi reţete vechi cu izvoade alese*, Editura Integral, Bucureşti, 2018.

Aurora Nicolau – *Tainica inimă a Bucureştilor*, Editura Integral, Bucureşti, 2017.

Hannah Pakula – *The Last Romantic: A Biography of Queen Marie of Roumania*, Weidenfeld & Nicolson, London, 1984. Traducere în limba română – *Viaţa Reginei Maria a României*, Editura Lider, Bucureşti, 2003.

134

Gheorghe Parusi – *Cronica Bucureștilor, întocmită din document și sentiment*, Editura Compania, București, 2005.

Gheorghe Parusi – *Cronologia Bucureștilor – 20 septembrie 1459 – 31 decembrie 1989: zilele, faptele, oamenii capitalei de-a lungul a 530 de ani*, Editura Compania, București, 2007.

Nicolae Pepene, Emil Stoian – *Inima Reginei Maria*, Editura Ilustratis, Brașov, 2005.

Général Pétain – *Le Drame Roumain 1916-1918*, Edition Payot, Paris, 1932.

Nicolae Petrașcu – *Icoane de lumină*, vol. IV, Editura Socec, București, 1940.

Cezar Petrescu – *Cei trei regi*, Editura Fundația Culturală Regală „Principele Carol", București, 1935.

Andrei Pippidi – *România regilor*, Editura Litera, București, 1994.

Andrei Pippidi – *Case și oameni din București*, ediția a II-a, Vol. I-II, Editura Humanitas, București, 2012.

Colonel Popescu-Lumină – *Bucureștii din trecut și de astăzi*, Editura Ziarului „Universul", București, 1935.

Alexandru Predescu – *Vremuri vechi bucureștene*, Editura pentru Turism, București, 1990.

Paul D. Quinlan – *The Playboy King: Carol II of Romania*. Greenwood Press, 1995. Traducere în limba română de Mona Antohi – *Regele playboy: Carol al II-lea de România*, Editura Humanitas, 2001.

Mihai Sorin Rădulescu – *În căutarea unor istorii uitate*, Editura Vremea, București, 2011.

Dimitrie R. Rosetti – *Dicționarul contimporanilor*, Editura Lito-Tipografiei „Populara", București, 1897.

Cristian Sandache – *Viaţa publică şi intimă a lui Carol al-II-lea*. Editura Paideia, Bucureşti, 1998.

Cristian Sandache – *Europa dictaturilor şi originile războiului româno-sovietic,* Editura Militară, Bucureşti, 2007.

Robert Scheffer – *Orient Royal*, A. Lemerre, Paris, 1918.

Ioan Scurtu – *Monarhia în Romania 1866-1947,* Editura Danubius, Bucureşti, 1991.

Constantin I. Stan – *Regele Ferdinand I „Întregitorul"* *(1914-1927)*, Editura Paideia, Bucureşti, 2003.

Alex Mihai Stoenescu – *Istoria loviturilor de stat din România,* Vol. I-IV, Editura RAO, Bucureşti, 2001-2012.

Stelian Tănase – *Dinastia*, Editura RAO, Bucureşti, 2017.

Ecaterina Ţarălungă – *Enciclopedia identităţii româneşti. Personalităţi*, Editura Litera, Bucureşti, 2011.

Alexandru Vaida-Voevod – *Memorii*, vol. I-II, ediţie îngrijită, note şi comentarii de Alexandru Şerban, Editura Dacia, Cluj-Napoca, 2006.

Eugen Wolbe –*Ferdinand I, întemeietorul României Mari,* Editura Humanitas, Bucureşti, 2006.

COLECȚIA REGALĂ

prezentată de Dan-Silviu Boerescu

Istoria modernă a României (1866-1947 şi, în fapt, până în prezent) este imposibil de înțeles fără analiza istoriei Casei Regale a României, ale cărei personaje, de la Carol I la Mihai I, au marcat decisiv momentele cele mai importante ale ultimului veac şi jumătate al Principatelor, Regatului şi – vai! – Republicii Populare/Socialiste sau, revenind în vâltoarea clipei, al unei Românii fără de noimă şi identitate precisă, parcă mereu pierdută în caruselul european şi mondial.

Fără contribuția novatoare a Casei Regale nu se ştie când şi cum România ar fi putut trece din feudalismul întârziat direct în epoca modernă, cum fără acțiunile inspirate şi deciziile înțelepte luate (uneori, contra inimii şi a glasului sângelui!) de Suverani (Regele Carol I, Regele Ferdinand şi Regina Maria) niciodată nu s-ar fi putut înfăptui, la 1 Decembrie 1918, unica Românie Mare.

Recunoscând rolul istoric jucat de cele cinci generații ale Familiei Regale a României, nu putem să le negăm acestora nici calitatea de oameni ai timpului lor (…nu doar ai eternității!), de ființe învestite nu doar cu prerogativele dinastice ci şi cu atributele lor pur umane, care au creionat şi personalitățile puternice ale unor ființe adesea pătimașe și chiar contradictorii, pe care nu ne-am propus să le idealizăm în vreun fel. Din amalgamul de trăsături, uneori destul de greu de armonizat, au reieșit figuri luminoase, fascinante și, în ciuda locurilor comune livrești, absolut surprinzătoare. Vă invităm să le devoalăm împreună în filele (pe care unii le-ar putea considera, pripit, iconoclaste) ale cărților din Colecția REGALĂ!

Un proiect editorial
INTEGRAL

Volumul I
Mihai I
Un veac de singurătate în slujba unei Românii suferinde

Ultimul Suveran al României a avut o viaţă şi o domnie (în două etape) absolut chinuite, marcate de cele mai ciudate întorsături de situaţie. A urcat prima oară pe tron copil fiind, în plin vid de putere provocat de moartea bunicului său, Ferdinand, dispariţia eminenţei cenuşii a ţării – premierul Ionel Brătianu şi renunţarea la calitatea de Principe Moştenitor a tatălui său, Carol al II-lea. După cîţiva ani în care puterea a fost în mâinile unei Regenţe care se manifesta mai mult la alibi, a fost detronat de propriul său tată, reîntors în ţară pe furiş. Apoi, în septembrie 1940, după abdicarea lui Carol al II-lea, revine pe tronul unei ţări sfârtecate şi care aluneca într-o conflagraţie sinucigaşă. La 23 august 1944, se alătură loviturii de stat împotriva Mareşalului Antonescu, însă asta nu-l va salva de oribila presiune a

armatei sovietice intrate în ţară pentru a instaura regi-
mul comunist. Astfel că pe 30 decembrie 1947 este
obligat să abdice – act nerecunoscut vreodată de Par-
lament! – şi să plece într-un lung şi dureros exil. Se
căsătoreşte în pribegie cu Ana de Bourbon-Parma, care
îi va dărui cinci fiice însă niciun fiu. După 1989, noua
putere cripto-comunistă de la Bucureşti îl supune unui
şir de umilinţe, apoi reuşeşte să revină pe meleagurile
natale, dar, la împlinirea a 90 de ani de viaţă, ţine un
discurs epocal în faţa Camerelor Legislative reunite şi
în absenţa preşedintelui de atunci al ţării, care refuză în
chip ostentativ să ia parte la manifestarea simbolică. În
fine, după ce, el însuşi grav bolnav fiind, îşi pierde par-
tenera de viaţă, ultima perioadă este marcată de un
scandal absurd, care duce la eliminarea din linia de suc-
cesiune dinastică a Principelui Nicolae, singurul moş-
tenitor de sex masculin eligibil conform legii salice,
abrogată şi ea între timp în favoarea fiicei întâi născute,
Principesa Margareta…

Volumul II
Carol I
Întemeietorul României moderne
O biografie neconvențională

Nu a fost prima opțiune pentru înlocuirea lui Alexandru Ioan Cuza pe tronul Principatelor Unite dar s a dovedit a fi, finalmente, cea mai fericită soluție, una de a dreptul providențială pentru cele două țărișoare dunărene aflate în bătaia a trei imperii și beneficiare ale unei foarte fragile uniuni, mereu pusă sub semnul întrebării.

Domnitorul Carol I se implică personal în Războiul de Independență, proclamă apoi Regatul, reușește modernizarea unei Românii abia trezite dintr o lungă letargie cu ciubuce și șalvari, pentru ca la începutul primei conflagrații mondiale să accepte decizia Consiliului de Coroană și să și abandoneze țara de baștină în favoarea celei de adopție, cu care se identifică astfel la cel mai profund nivel. Aceasta va fi, însă, și ultima grea lovitură pe care o primeşte omul Carol, strivit între datoria istorică şi glasul sângelui într o încleştare dramatică, una care i se va dovedi fatală. Metaforic sau, poate, chiar la propriu, Carol I se va sinucide pe altarul noii sale patrii, făcând un sacrificiu pe care tânăra naţiune pe care tocmai o clădise nu a ştiut, probabil s o aprecieze niciodată aşa cum s ar fi cuvenit…

Volumul III
Carmen Sylva
O artistă pe tron,
un monument de sensibilitate

Prima Regină a României moderne, Elisabeta, a fost o demnă purtătoare de coroană sub a cărei înfățișare austeră se ascundea, în fapt, un suflet de poet. De altfel, istoria o va reține mai degrabă sub pseudonimul său literar decât sub augusta titulatură princiară!

Dar, dincolo de preocupările pentru peniță și acuarele, în inima Reginei a fost întotdeauna o mare tristețe. Și-a pierdut unicul copil, o fetiță, răpusă timpuriu de una din bolile copilăriei, pentru care, în acea vreme nu exista vreun antidot. Apoi, s-a atașat de Elena Văcărescu, dar s-a văzut deposedată brutal și de fiica sa adoptivă, pe care Guvernul și Regele au izgonit-o din țară pe considerente dinastice și constituționale. Nepotul lui Carol, Principele Moștenitor Ferdinand, se îndrăgostise de fată, însă legea țării nu-i permitea să o ia de nevastă. Situația a condus la o mare răceală și, apoi, la o înstrăinare de propriul ei soț încoronat, după care a urmat chiar un exil neoficial. Împăcarea cu sine și cu propriul soț a venit, totuși, în cele din urmă, atunci când bătrânețea numai senină nu-i putea fi din cauza contextului internațional întunecat, grevat de norii amenințători ai războiului care se apropia inexorabil...

Volumul IV
Ferdinand Întregitorul
Nașterea României Mari

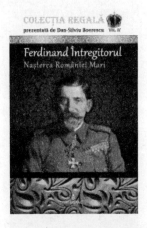

Adus, de către unchiul său Carol, Principe Moșteni-
tor în România aproape împotriva voinței lui, Ferdinand
se va dovedi, la maturitate, un mare patriot român, unul
cu un fantastic rol determinant în acțiunea de Reîntre-
gire a țării, care s-a făcut sub sceptrul și voința sa.

Primul Rege al României Mari a avut înțelepciunea
de a-și ascunde propriile sale slăbiciuni sentimentale,
ca și pe cele ale soției sale, Maria, nelăsând neînțelege-
rile conjugale să afecteze actul de guvernare, dovadă
stând și glorioasa încoronare a celor doi de la Alba Iulia
din octombrie 1922.

Din nefericire, această mare izbândă a fost umbrită
de derapajele fiului și moștenitorului său Carol (al II-lea),
care și-a anunțat de mai multe ori renunțarea la linia de
succesiune regală în favoarea urmăririi propriului ideal
(unul strict erotic!). Ferdinand a închis ochii înveninat de
aceste trădări, în circumstanțe încă nedeplin clarificate...

Volumul V
Născută să iubească
Maria – Cea mai frumoasă
Regină a României

Descendentă a familiilor domnitoare din Marea Britanie, Germania și Imperiul Țarist, „Missy" fusese cerută de nevastă de către vărul ei primar George, viitorul rege al Angliei, însă mama ei s-a opus și i-a aranjat o căsătorie – „ortodoxă" din toate punctele de vedere – cu Ferdinand, nimeni altul decât Prințul Moștenitor al României.

Numai că diferențele de temperament și-au spus cuvântul și căsnicia a eșuat lamentabil, jumătate dintre copiii cuplului având alți tați biologici decât cel oficial, iar cei doi soți ajungând fiecare în brațele altor parteneri, ceea ce, în cazul Mariei, va atrage mânia și represaliile fiului său cel mare, Regele Carol al II-lea.

Problemele sentimentale n-au împiedicat-o, însă, să-și exercite exemplar atribuțiile regale, în timpul

Primului Război Mondial îngrijind și îmbărbătând soldații răniți, iar înaintea Marii Uniri efectuând reuşite, deşi informale, turnee diplomatice pentru a susține cauza României.

Volumul VI
Carol al II-lea
Suveranul controversat
și iubirile lui interzise

O biografie incredibilă pentru cel mai atipic rege al României, Suveranul-Playboy care a oscilat permanent între autoritarismul din viața publică și supunerea aproape masochistă din budoar, unde stăpână era numai metresa sa controversată, Elena Lupescu, cea înconjurată de o incredibilă Camarilă, ahtiată după putere și bani.

Priapicul personaj, obsedat și de alte partenere erotice, pe care i le procura însuși temutul șef al Poliției, Gavrilă Marinescu, a renunțat de trei ori la tron sau la perspectiva acestuia, de două ori voluntar și a treia oară silit, ajungând să-și petreacă restul vieții într-un exil itinerant.

Dar oricâte greșeli va fi făcut, Carol al II-lea rămâne în istorie și cu calitățile sale, cele ale unui om sensibil la marea cultură (pe care a sponsorizat-o sistematic prin prestigioasa instituție a Fundațiilor Regale) și ale unui om vizionar, care a demarat sistematizarea centrului Bucureștiului.

Volumul VII
Prinţii şi Prinţesele
pierdute ale României

Nu puţine dintre odraslele familiei regale române s-au pierdut pe drum, abandonându-şi prerogativele cu care fuseseră înzestraţi prin naştere din felurite motive, mai toate având legătură cu alegerea unor parteneri total nepotriviţi şi contractarea unor căsătorii morganatice.

O situaţie halucinantă este legată de una dintre cele cinci fiice ale ultimului Suveran, care a ajuns să fie condamnată în Statele Unite pentru organizarea de lupte ilegale de cocoşi în Oregon…

Dar Irina Walker nu este singura descendentă a familiei cu uriaşe probleme „lumeşti" în decursul istoriei Casei de Hohenzollern-Veringen-Sigmaringen şi, apoi, de România.

Volumul VIII
Principele Nicolae
Teorii ale conspiraţiei

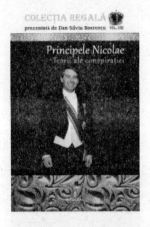

În 1992, Regele Mihai a apărut în balconul de la Continental împreună cu nepotul său Nicolae, pe atunci un copil. Românii care şi-au omagiat Suveranul au fost convinşi că acesta este Moştenitorul, fiind primul descendent băiat al familiei regale. Numai că anii au trecut şi Nicolae a rămas (sau a fost ţinut?) departe de România, neînvăţând nici măcar limba română(!?!). Apoi, după 2007, când Casa Regală a abrogat Legea Salică şi a numit Principesă Moştenitoare pe ASR Margareta (femeie şi măritată cu un român fără ascendenţă dinastică), treptat Nicolae a fost reinclus în sistemul dinastic, devenind Principe şi intrând oficial în linia de succesiune. Nicolae s-a întors în ţară şi a devenit parte a activităţilor oficiale. Dar, în vara lui 2015, sub pretextul unei posibile sarcini a uneia dintre colaboratoarele sale, Nicolae este decăzut din toate drepturile sale. Iar „scandalul regal" abia începea…

Volumul IX
Misterele
din jurul moștenitorilor tronului

Potrivit Constituției din 1923 (Articolul 77) și vechiului statut al Casei Regale de dinainte de 1947, Legea Salică funcționa astfel: *Puterile constituționale ale Regelui sunt ereditare în linie coborâtoare directă și legitimă a Maiestății Sale Regelui Carol I de Hohenzollern Sigmaringen,* din bărbat în bărbat *prin ordinul de primogenitură și cu exclusiunea perpetuă a femeilor și coborâtorilor lor.* De asemenea, căsătoria unui membru / unei membre al / a Familiei Regale cu o româncă / un român atrăgea excluderea de la succesiune, conform „înțelegerii dintre Principele Carol I și Țară" (Statutul Casei Regale, publicat și în Monitorul Oficial cu caracter de lege). Titlurile princiare nu se dobândesc prin căsătorie, așa cum nu se primesc nici măcar prin înrudirea de sânge. ASR Nicolae, fiul Regelui Ferdinand și fratele

Regelui Carol al II-lea a fost chiar exclus din Casa de România pentru o căsătorie cu o româncă (Ioana Dumitrescu-Doletti). Însuși Carol al II-lea trecuse prin această procedură (autoasumată) după căsătoria morganatică, repede anulată apoi, cu Zizi Lambrino.

...În consecință, care este situația succesiunii dinastice în Casa de România?

Volumul X
Bastarzii regali
poveste fără sfârșit

Toate familiile regale din lumea modernă s-au lovit de această problemă a existenței – certe sau doar presupuse – a unor „copii naturali" ai personajelor din linia oficială dinastică. În cazul lui Carol al II-lea, a fost vorba de Mircea Grigore Carol Lambrino, rodul legăturii sale cu Zizi, polemica fiind continuată până în prezent de fiul acestuia, Paul Lambrino. În cazul lui Mihai I, a existat speculația legată de apariția unui fiu natural (cetățeanul german Dieter Stanzeleit) dintr-o relație – niciodată dovedită! – cu o anume Nerissa Jane Irene Bowes Lyon. Mai recent, Principele Nicolae (între timp, deposedat de acest titlu) a fost acuzat de Nicoleta Cîrjan că ar fi tatăl micuței Iris Anna...

Toate aceste situații au generat scandaluri interminabile, pe care nici măcar hotărârile definitive ale unor instanțe nu le-au putut înăbuși. Oare, ce ne rezervă viitorul apropiat?

Volumul XI
Suverani români în exil
Adevăruri dureroase și istorii ciudate

Regina Elisabeta („Carmen Sylva"), Regele Carol al II-lea, Regina-Mamă Elena, Principesa Elisabeta (fosta soție a Regelui George al II-lea al Greciei), Principesa Maria – „Mignon" (fosta soție a Regelui Alexandru I Karagheorghevici al Sârbilor, Croaților și Slovenilor și Regină-Mamă a Iugoslaviei), Principele Nicolae (fratele lui Carol al II-lea), Principesa Ileana de Habsburg – călugărită sub numele de „Maica Alexandra", Regele Mihai I și Regina Ana – cu toții au trăit, sub o formă sau alta, experiența dureroasă a exilului, marcată de momente succesive de glorie și umilință. Practic, doar Regii Carol I și Ferdinand au fost scutiți de această încercare profund traumatizantă a destinului, în condițiile în care chiar și Regina Maria a fost supusă, de către propriul fiu, Carol al II-lea, unui straniu regim de exil interior și eliminare din viața publică.

Am fost prea multă vreme prizonierii stereotipurilor patriotarde din manualele de istorie, care au falsificat – vreme de mai multe generații – semnificația unor fapte și evenimente care ne definesc ca popor. Uneori, trucajele propagandistice s-au realizat prin omisiune, alteori prin folosirea de clișee specifice luptei de clasă de inspirație sovietică.

Însă, în momentul de față, când accesul liber la informație nu mai este o utopie, putem puncta altfel o sumedenie de episoade istorice și putem privi personajele exponențiale ale diferitelor epoci în toată complexitatea lor umană, fără teama de a deveni culpabili în ochii cenzurii, dar și cu riscul inerent de a șoca naționaliștii, protocroniștii sau extremiștii, indiferent de culoare lor politică.

Spre descifrarea istoriei secrete a României!

Români și românce
care au schimbat lumea

Fără a inventa false merite și priorități inexistente în enciclopediile serioase, destui români și destule românce au impresionat lumea — sau, măcar, Europa! — cu performanțele lor în diverse domenii, de la impunătoarea cultură de profunzime la seducătoarea industrie a entertainmentului profan, fără a neglija domenii precum sportul de performanță, medicina de pionierat sau aventurile exploratorii în diferite zone abisale și necunoscute muritorilor de rând.

**Un proiect editorial
INTEGRAL**